W0192309

r LiebE

NADJA MALEH

Ich lieb mich,
ich lieb mich nicht…

Wie ich mir
selbst zur besten
Freundin werde

MOLDEN

NADJA MALEH

Ich lieb mich, ich lieb mich nicht …

Wie ich mir selbst zur besten Freundin werde

MOLDEN

BFF – best friends forever

Ich wäre mir selbst gerne eine bff, a best friend forever. Dann wäre ich nie allein, denn ich wäre immer für mich da. Dann hätte ich immer eine Hand, die mich hält. Dann wäre da immer jemand, der mich genauso liebt, wie ich bin. Und das ist wirklich alles, was ich brauche: eine beste Freundin. Und Schokolade. Mascara. Und Schuhe. Und Gin Tonic. Und ... wie auch immer, bei all dem geht's um Liebe.

Erinnerst du dich noch an das bff-Gespann Paris Hilton und Kim Kardashian? Die zwei Luxus It-Girls galten lange als das Freundinnen-Dreamteam Hollywoods der 2000er-Jahre! Nun, das forever hat genau bis 2011 gedauert, die Ewigkeit war dann doch kürzer als gedacht. Warum? Eifersucht, Neid, Konkurrenzdenken, lauter nur allzu menschliche Eigenschaften. Kim und Paris: bff- best friends for-a-short-time.

Forever kann man eigentlich nur sich selbst reinen Herzens versprechen! Denn man kann alles und jeden verlassen, nur sich selber nicht! Das ist eine lebenslange Geschichte, im besten Fall eine Liebesgeschichte.

Zu Schwarz gehört Weiß.
Zu Kim gehört Paris.
Zu g'scheit gehört depat.
Und zu Selbstliebe gehört Nicht-Selbstliebe.

Wie entsteht die Nicht-Selbstliebe? Durch tiefe Verletzungen, durch traumatische Erfahrungen, Kränkungen, durch unerlöste ererbte und neu erworbene Verhaltensmuster, Verlust und Trennung und und und. Also da sammelt sich schon einiges zusammen in so einem Leben. Aber das gleiche Leben zeigt dir auf der anderen Seite auch unzählige Wege zur Selbstliebe. Dieses Buch soll dir so eine Möglichkeit bieten!

Selbstliebe. Mal gelingt sie besser, mal schlechter. Nämlich dann, wenn wir an uns herumnörgeln, uns kleinreden, uns lieblos kritisieren und uns entmutigen. Wenn wir in uns ein „Kim gegen Paris"-Match ausfechten!

Behandle andere so, wie Du von Ihnen behandelt werden willst. Immanuel Kant hat diese Weisheit durchaus komplizierter und tiefgründiger formuliert als ich, aber im Grunde genommen wohl so ähnlich gemeint. Und wie wollen wir behandelt werden bzw. wie sollten wir andere behandeln? Fair, verständnisvoll, wertschätzend, mit Respekt, liebevoll, aufmerksam, humorvoll, freundlich, einfühlsam, großzügig und vieles andere Schöne mehr!

Daraus folgt: Behandle dich selber genauso gut!

Sei dir selber deine beste Freundin!
Sei dir selbst dein bester Freund!
SEI GUT ZU DIR SELBST!

Das klingt banal und ist doch essentiell wichtig. Was wir tun können? Uns selber liebevoll erkunden, in die Tiefe gehen, uns erweitern, unsere innere Freiheit entdecken. Dazu braucht es die mutige Bereitschaft, bewusst hinzusehen und hinzufühlen. Vor allem die festgefahrenen Bilder über uns selber und wie wir zu sein haben, zu verlieren. Und zwar am besten, wie ich finde, mit kreativer Spielfreude. Es sollte Freude machen. Alles!

Ich selber bin mein größtes Forschungsprojekt.

Ein Selbsterforschungsprojekt. Ich als Künstlerin habe all die großen Menschheitsfragen für mich immer kreativ beantwortet, durch meinen Beruf. Schauspielen, Singen, Schreiben, Zeichnen, Erfinden, Gestalten, Coachen, Entwickeln – all diese Teile ergeben die ganze Nadja! Aus all den Ausbildungen und Lebenserfahrungen (zusätzlich zur Schauspielausbildung habe ich auch den NLP-Master und eine Energetiker- Ausbildung) entstand dieses Buch. Mein erstes Buch! Mein allererstes. Über das Thema, das mich durch alle meine Lebensphasen hindurch begleitete: die Nähe zu sich selbst, sich selber freundlich zu begegnen. Hier liegt das Heilsame, in der bewussten Verbindung mit sich selbst!

Haben wir Kontrolle über die Liebe oder Selbstliebe?

Ich denke, Nein.

Können uns Übungen und Impulse trotzdem hinführen in Richtung der Selbstliebe?

Ich denke, Ja.

Ich freue mich sehr, dass du mein Buch in deinen Händen hältst! Dass du den Weg zu mir gefunden hast und ich den Weg zu dir! Ich möchte dir auf den nächsten Seiten inspirierende Impulse geben, kreative Ideen und humorvoll-verspielte Tipps für den Weg von dir zu dir!

Wie du dieses Buch lesen kannst?

— querbeet
— öfters
— chronologisch
— mit oder ohne Brille
— gar nicht
— pro Tag ein Kapitel incl. praktischer Umsetzung des Impulses
— wie du magst!

Aber wenn du es liest, dann hätte ich einen Wunsch: Lass die Worte und die Übungen wirken. Nicht nur in deinem Kopf, sondern vor allem in deinem Körper. Ansonsten bleibt alles nur äußerlich, wie Make-up. Lach' mit deinem ganzen Körper über die humorvollen Geschichten und fühl' die tiefergehenden Impulse mit deinem ganzen Körper!

Erforsche – lache – staune! Take it easy! Selbstliebe ist ein

großes Wort. Fangen wir doch erstmal mit S E L B S T F R E U N D -
S C H A F T an. Du bist kein fehlerhaftes Objekt, an dem du ewig
herumdoktern musst, damit es endlich gut wird. Deine wahre Kraft liegt in genau dem, was du gerade bist. Nicht, was du
glaubst, sein zu müssen, fühlen oder erfüllen zu müssen.

Dieses Buch ist wie eine Spielanleitung! Das Spiel könnte heißen „Verlieb dich in dich selber!" oder „Entdecke die wahre Dar-
stellerin hinter all den Rollen" oder „Fühl dich! Zeig dich!" oder
„Entdecke deinen inneren Freuraum!"

Beziehung zu mir

ICH UND ICH

Seelenwetter

„Achte und wertschätze dich selber!" Yepp. Eh. Ist ein legitimer Aufruf. Stimmt. Sollte man. Weiß auch jede und jeder. Nur wenn man gerade eine akute Krise hat, wenn es emotional blitzt und donnert, nutzt einem der Aufruf auch nichts. Wenn man grad nicht so viel an sich wertschätzen kann, weil man sich in dem Augenblick einfach rundum „Wäääh!" fühlt, dann ist das nun mal so. Da kann man den Satz hundert Mal lesen und aufsagen, er wird an der Oberfläche bleiben und in der Tiefe nichts bewegen können. Denn manchmal ist man einfach nur in einem Schmerz, der alles an innerem Raum einnimmt. Dann hilft nur eines: den Schmerz zuzulassen und zu fühlen, in dem epischen Ausmaß, das er hat. Bis er nachlässt, sich verändert, durchlässiger wird. Wenn man Glück hat, sind da liebe nahestehende Menschen, die stützen und helfen. Aber im Grunde genommen ist es die eigene Essenz, die einen hält. Der innerste Kern.

Emotionale Stürme und herausfordernde Schicksalsschläge werden immer kommen, das ist Part of the Game. Ich finde, es macht Sinn, gerade an den leichten Sonnentagen an sich zu arbeiten. Sich kennenzulernen, Innenschau zu betreiben, sich zu stärken. Das könnte einen durch die schwierigen Gewittertage tragen. Wetter ist immer. Es zeigt sich mal so und mal so. Selbstfreundschaft bedeutet, alle Wetterlagen anzunehmen, so wie sie sich zeigen. Klar, jeder liebt einen lauen Frühlingstag, aber Hagel oder hin und wieder eine frische Brise oder sogar ein Tornado gehören nun mal auch dazu.

Auch ich werde bei der nächsten Kältewelle jammern! Aber tief drinnen weiß ich, dass es am besten für mich wäre, mich ihr hinzugeben. Dann mache ich mir eine flauschige Wärmeflasche und übe Ja zu sagen. Ja zu dem, was ist. Natürlich würde sich auch in dieser Situation Schokolade als Arznei empfehlen oder ein Ticket nach Bali. Aber selbst dort gibt's blödes Wetter, also was soll's!

Vielleicht hast du Lust, heute etwas zu üben: nämlich **JA** zu sagen zu deinen Gefühlen. **HEUTE mal Ja zu sagen zu all dem, was du bist. Mit all dem, was du im Laufe deines Lebens geworden bist!** Das innerliche JA öffnet einen weiten Raum, in dem man klar und handlungsfähig ist. Übe es nur heute. Und wenn du Lust hast, morgen auch. Vielleicht auch übermorgen. Aber erst mal nur **HEUTE!** Ja?!

Im gleichen Atemzug möchte ich dir das Erstellen einer Liste ans Herz legen. Nein, keine TO-DO-Liste, sondern eine **„HAVE-TO-BE-Liste"**. Eine Liste unauthentischer Eigenschaften und Verhaltensweisen, von denen du fest glaubst, sie erfüllen zu MÜSSEN. Die die Gesellschaft von dir als Frau erwartet, die du selber von dir erwartest, die dir aber vielleicht gar nicht oder nicht mehr entsprechen!

Wir alle kennen diese **HAVE-TO-BE-LISTEN**! „I have to be skinny!" oder „As a woman, you always have to be nice and beautiful!" – dazu eine kleine Anekdote: Nach einem erfolgreichen Kabarettauftritt in einem kleinen Ort in Niederösterreich, nennen wir ihn einfach Schasklappersdorf, bekam ich ein erzürntes Mail von einer älteren Dame. Sie schrieb, dass sie sehr unzufrieden sei mit meinem Aussehen. Denn sie findet, Kabarettistinnen haben auf der Bühne doch gefälligst hübsch zu sein und in diesem Sinne hätte ich ja wirklich nichts auf einer Bühne verloren! Häh? Also abgesehen davon, dass ich wirklich nicht wie eine hässliche Kröte aussehe, finde ich diese Aussage und die dahinterliegende Einstellung skandalös.

Wir haben hübsch zu sein? Wieso hübsch? Kabarettistinnen sollten lustig sein und was zu sagen haben, übrigens genauso wie Kabarettisten. Naja, ich werde trotz der Dame gern wieder in Schasklappersdorf gastieren, die restlichen Schasklappersdorfer können ja nichts dafür!

Eine **HAVE-TO-BE-LISTE** aller Klischees und einengenden Erwartungen, die uns Frauen aufgezwängt werden, von denen wir selber – bewusst oder unbewusst – glauben, dass wir sie erfüllen müssen, die uns aber innerlich total unglücklich machen. Wir sind es nicht wirklich gewöhnt, uns mutig mit unseren authentischen Gefühlen zu beschäftigen. Und uns so zu nehmen, wie wir gerade sind.

Die Liste soll dir klar machen, wann und wie du dir selber abhandenkommst. Mach es dir bewusst! Ich wünsche dir, dass du mit der Zeit immer mehr Punkte von der Liste streichen kannst. Weil sie dich nicht mehr betreffen! Fang heute damit an! **Vielleicht möchtest du dir selber heute ein Stück weit entgegenkommen!?**

Hier ein paar Beispiele meiner persönlichen
HAVE-TO-BE-Liste:

— Ja zu sagen, obwohl ich Nein fühle
— zu lächeln, obwohl ich eigentlich nicht lächeln möchte
— zu bleiben, obwohl ich gehen möchte
— den Mund zu halten, obwohl ich meine Stimme erheben
  möchte
— mir selber Vorwürfe zu machen, dass ich es einfach nicht
  schaffe, 5 Kilo loszuwerden

* Bitte ergänze hier deine ganz persönliche Liste:

— mich für andere verantwortlich fühlen
— immer hilfsbereit zu sein
— SCHÖN und TRENDY sein
— Karriere machen
— Familie gründen, gute Mutter sein
— „mich selbstverwirklichen"
—

SELBSTVERTRAUEN

Spieglein, Spieglein an der Wand, wer ist die beste Freundin im ganzen Land?

Unter Spiegelarbeit versteht man, seinem eigenen Spiegelbild in die Augen zu schauen und dann eine motivierende Affirmation zu sagen. Das kann sich am Anfang ganz schön seltsam anfühlen, wird aber von Mal zu Mal selbstverständlicher. Klassiker sind Sätze wie „Du schaffst das!" oder „Ich liebe dich". Eine wunderbare Technik! Prinzipiell.

Mir ging es aber so, dass ich mich an manchen Tagen dabei ertappt habe, wie ich mir selber solche Sätze ins Spiegel-Gesicht gelogen habe. Und dann vor mir selber auch noch so getan hab, als hätte ich mir den Satz jetzt total geglaubt. Das ist doppelt crazy. Eine gespiegelte Selbst-Verarschung par excellence!

Ich bin dadurch zur Erkenntnis gelangt, dass es für mich persönlich wichtig ist, mir nur solche Sätze zu sagen, die ich mir tatsächlich und authentisch glauben kann. An manchen Tagen geht sich ein innig in den Spiegel gehauchtes „Ich liebe dich, Nadja" einfach nicht aus! Da schau ich mich an und hör mich ein unmotiviertes „Na geh!" sagen, oder „Na servas!", oder „Na danke!". Das ist dann halt so, ist auch nicht weiter tragisch! An solchen Tagen darf aus „Ich liebe dich" auch mal ein trockenes „Ich find dich ganz ok" werden! Und wenn sich nicht einmal das ausgeht, dann gibt es den fantastisch entlastenden und erleichternden Satz „Auch wenn ich mir jetzt gerade nicht sagen und glauben kann, dass ich mich liebe, akzeptiere ich mich selber, so wie ich bin!" Und schon hör ich auf, mir selber etwas abzuverlangen, was ich mir grad einfach nicht geben kann. Life can be so easy!

Es gibt da ein kleines Ritual, das ich vor jedem Auftritt mache und das mir ans Herz gewachsen ist. Ich schaue mir selber im Spiegel in die Augen und sage mir **„Ich bin ich!" Für mich steht dieser Satz für meine Verbindung zu mir selber, für mein Selbst-Verständnis, für meine innere Zustimmung zu meiner ganz individuellen Art als Bühnenkünstlerin.** Ich sage mir damit, dass ich voll und ganz zu der stehe, die ich (auf der Bühne) bin. Und das muss ich auch! Auf einer Bühne ist man total exponiert, man wird von oben bis unten bewertet. Das ist auch richtig so. Aber es ist wichtig, dabei ganz bei sich zu bleiben, immer wieder in die eigene Mitte zu kommen. Mit diesem Satz verankere ich dieses Gefühl in mir. Und danach mach ich immer eine kleine blöde Grimasse in den Spiegel, um das Ganze nicht zu ernst zu nehmen.

Falls du immer wieder vor Menschen sprichst, kann ich dir nur ans Herz legen, dir so ein vergleichbares Miniritual zuzulegen, das dich augenblicklich mit dir selber verbindet und dich zentriert! Im besten Fall macht es auch Spaß!

Hier ein paar stärkende Freundinnen-STEH-Sätze, die du deinem Spiegelbild täglich sagen könntest! Probiere aus, welcher sich für dich am besten anfühlt!

— Ich versteh dich!

— Ich steh auf dich!

— Ich steh hinter dir!

— Ich steh morgens gern auf mit dir!

— Ich überstehe alles!

— Ich steh dir nicht im Weg!

— Ich stehe dir zur Verfügung!

— Ich stehe mit beiden Beinen fest im Leben!

— Ich stehe noch!

What would Jesus do?

Was ist die Grundlage für unsere Entscheidungen? Aufgrund welcher ethischen Grundsätze reagiert man, denkt man, handelt man?

In dem Zusammenhang könnte man – auch als Nichtchristin – vor wichtigen Entscheidungen oder in heiklen Situationen schon mal das Gedankenexperiment wagen: Was würde Jesus tun? Denn Nächstenliebe und Gutes tun existieren ja durchaus auch ohne religiösen Kontext!

Nehmen wir folgende Situation an: Ich habe mich gerade durch 5 Tage elende Kohlsuppendiät gequält und stelle mich am Morgen des 6. Tages freudig erregt auf die Waage, um die Früchte meines Höllenritts zu ernten. Ich schneide mir extra vorher noch die Fingernägel und die Haarspitzen (es geht um jedes Gramm!), ich stelle meine Füße mutig auf das emotional durchaus nicht unbelastete Messgerät, ich atme noch mal tief aus und entlasse ganz nebenbei noch ein wenig kohlduftige Luft aus meinen Gedärmen (ich wiederhole: JEDES Gramm zählt!!) und das Ergebnis treibt mir Schweißperlen ins Gesicht. Der Atem stockt, ich kann es nicht fassen. Ich habe nur 250 Gramm abgenommen, Gramm. Nicht 2,5 Kilogramm, nein, Gramm. Das ist nur ein wenig mehr, als ich letztens im Supermarkt an der Käsetheke bekommen hab. „Hoppala, des Stückerl Gouda is jetzt doch größer geraten. Derf's a bisserl mehr sein, gnä' Frau?!" NEIN!!! ES DARF AUF KEINEN FALL EIN BISSERL

MEHR SEIN!!!!!!!!!! Meine erste spontane Reaktion: Hass. Dann etwas spezifischer „Ich hasse stinkenden Kohl", dann sehr konkret „Ich hasse Fledermausarme, ich hasse Fledermäuse, ich hasse auch Mäuse, ich hasse **ALLES!!!**" Und zusammengefasst „Ich hasse mich!"

Wie fühlt sich das an? Grauslich.

Hilft es mir? Nein.

Motiviert es mich? Nein.

Es gibt ja bekanntlich diesen winzigen Moment zwischen Reiz und Reaktion. Diese Entscheidungslücke. Neurowissenschaftler ermutigen uns, diesen Raum zwischen Stimulus und unserer Reaktion darauf wahrzunehmen. Dort findet man die Freiheit und die Macht, eingefahrene Reaktionsautomatismen aufzulockern, uns zu dekonditionieren!

Wenn ich es jetzt also genau in dieser Millisekunde schaffen würde, mich zu fragen „What would Jesus do?" könnte das die Rettung sein!

Denn Jesus würde auf der Waage mit hoher Wahrscheinlich nicht ausflippen. Gut, Jesus würde sich mit noch höherer Wahrscheinlichkeit erst gar nicht auf eine Waage stellen, aber das ist jetzt wurscht, so kommen wir nicht weiter, also: Jesus würde ruhig bleiben. Voller Mitgefühl für sich selber. Voller Akzeptanz und Gleichmut, denn er weiß, dass die Schönheit seines Herzens und sein Wert als Mensch nicht von ein paar Kilo abhängt. Er würde besonnen bleiben und bei einem Glaserl Wein mit Maria neue Möglichkeiten durchdenken.

Man könnte sich natürlich auch fragen: Was würde Celine Dion tun?! Auch gut. Doch ich denke, mit Jesus ist man auf jeden Fall immer gut beraten!

Was aber, wenn man einer anderen Religion zugehörig ist oder diese scheut wie der Teufel das Weihwasser und die Kohlsuppe!?

Neuer Vorschlag: Was halten Sie von **Was würde jemand tun, der sich selbst liebt?!**

Selbstliebe will geübt sein! Was könnte ein besseres Kriterium für eine Entscheidung sein als Liebe! Mir fällt keine Situation ein, wo diese Frage keine positiven Auswirkungen für alle Beteiligten hätte.

Was würde jemand tun, der sich selbst liebt?! Diese Frage soll ab morgen für eine Woche dein Mantra sein! Und zwar in **JEDER** Situation, wo du eine Entscheidung treffen musst. Vertraue darauf, dass du **IMMER** eine intuitive Antwort wahrnehmen kannst! Klingt wie eine kleine Sache, ist aber die größte Entdeckungsreise, die wir machen können! Und wenn dir der Satz gefällt, wenn er dir hilft, dich neu zu verhalten, dann nimm ihn mit in die darauffolgende Woche. Und in die darauffolgende. Und erzähl deinen Liebsten davon. Have a **LOVE**ly week!

Fülle diesen Liebesbrief aus und schicke ihn per Post an dich selber!

Liebste ....!
Ich muss dir etwas gestehen!
Ich kenne dich nun schon sehr lange, seit .... Jahren, und ich verliebe mich täglich ein Stückchen mehr in Dich!
Ich mag so Vieles an Dir! Zum Beispiel Deine
.... Dein .... und vor allem ....
....!

Niemand kann so gut .... wie Du!
Du bist sooooo ....!

Und deshalb möchte ich Dich auf diesem Wege fragen:
Möchtest du fix mit mir zusammen sein?
Ich verspreche dir, ich werde achtsam und liebevoll sein.
Und immer für Dich da sein!
Bitte sag Ja!
Das wird schön!

Bussi von deiner ....

Müssen wir uns eigentlich immer vor etwas oder jemandem schützen!?

Ich habe vor Kurzem einen Schauspielworkshop abgehalten, mit einer Gruppe entzückender Menschen, die an sich und ihrer Bühnenpräsenz arbeiten wollten. Eine der entzückenden Frauen stand also auf der Bühne und wollte einen Text präsentieren, kämpfte aber wie wild mit ihrer Unsicherheit. Und da habe ich mir selbst zugehört, wie ich sie voller Inbrunst mit folgendem Satz gecoacht habe: „Wenn du dich offen verletzlich zeigst, bist du unantastbar, ja unverwundbar!" Ich habe den Satz sogar zweimal hintereinander gesagt (das ist so ein Tick von mir! Wenn ich etwas für wichtig halte, wiederhole ich es Wort für Wort noch mal mit Emphase)! Es ging mir mit dem Satz darum, die eigene Angst vor der Bühne zu akzeptieren, sie DARF einfach da sein. Im Gegensatz zum Glauben, dass man nicht nervös sein darf! Dass man all diese Gefühle nicht haben darf, dass man sie verstecken muss, damit sie niemand sieht! Was ohnehin nicht funktioniert.

Ich konnte an ihrem Gesicht erkennen, dass sie dieser Satz berührt hat, innerlich beruhigt hat. Danach konnte sie ihren Text plötzlich selbstbewusst präsentieren, sie hatte sogar Spaß daran, das konnten wir spüren. Offenbar hatte ich ihr genau die richtigen Worte gesagt, sodass sie sich entspannen und öffnen konnte. Sie konnte ihre Schutzmauer ein Stück weit abtragen und sich zeigen.

Danach dachte ich mir „Nadja, diesen Satz könntest du dir doch selbst auch öfter mal sagen. Und glauben!"

Das ist so eine Sache mit dem „Sich-selber-Schützen"! Es gibt natürlich reale Gefahren auf der Welt, und man tut gut daran, sich davor zu schützen – soweit einem das möglich ist.

— Man kann sich vor einem sommerlichen FKK-Zelturlaub im Wald gegen Zecken impfen lassen! Ja, das ist durchaus gescheit!
— Man kann sich vor der Tour de France einen Fahrradhelm besorgen. Sieht nicht so schick aus, aber Eitelkeit ist in dem Fall ein schlechter Berater!
— Man sollte einsame dunkle Gassen in gefährlichen Städten meiden. Mexiko-Stadt mag exotisch klingen, und eine gefüllte Tortilla ist was Leckeres, aber das Außenministerium gibt hier nicht aus Jux und Tollerei einige Sicherheitshinweise!
— Man sollte Löwen besser in sicherem Abstand und durch dicke Glasscheiben bewundern. Bitte unterdrücke deinen Streichelreflex, fall nicht auf ihr flauschiges Äußeres rein! (Löwen unterscheiden sich in mehr als nur einem Buchstaben von den harmlosen Möwen.)
— Man kann im Sommer Sonnencreme auftragen, Winterschuhe im Schnee tragen, die Haustür zusperren und bei Gewitter das aufgepeitschte Meer meiden.

Das alles können wir machen: Der normale Hausverstand und Lebenserfahrungen bewahren einen vor Blödsinn, schützen vor unnötigen negativen Erlebnissen. Aber vor dem Leben an sich kann man sich nicht schützen. Wie auch?! Unerwartetes wird immer geschehen. Und so eine Schutzmauer lässt dann möglicherweise weder Feind noch Freund durch.

Ist es nicht so, dass man sich nur dort „schützen" will, wo Gefahr droht? Ein permanenter Wunsch nach Schutz impliziert das permanente Erwarten einer Gefahr. Und das wiederum erzeugt Druck. „What you resist, persists!" meinte Carl Gustav Jung. Man könnte das übersetzen mit: Das, wogegen du kämpfst, bleibt erst recht! Gegen etwas zu sein, kann eine starke konstruktive Kraft sein! Aber der nächste Schritt sollte die Definition sein, woFÜR man ist!

Druck erzeugt Gegendruck. Das ist keine gute Nachricht. Oder vielleicht doch? Denn das würde vielleicht bedeuten, man könnte sich einfach offen und verletzlich zeigen, weil man ja verletzlich IST. Jeder und jede nämlich. Weil verletzlich sein einfach menschlich ist! Dann könnte man sich die Energie sparen, so zu tun, als wäre man eben nicht verletzlich. Und man könnte die Schutzmauer Ziegel für Ziegel abtragen, damit Sonne und Wind und die Welt (mit ohne Löwen) reinkönnen!

Statt sich andauernd schützen zu müssen, wäre es doch fantastisch, wenn man seine eigenen Grenzen wahrnehmen könnte, und zwar nicht erst dann, wenn sie bereits überschritten wurden. Im Idealfall steigt man doch auch VOR dem Crash auf die Bremse.

Ok, ich gebe es zu: Manchmal muss man sich vor sich selbst schützen! Ich zum Beispiel habe keine Schokolade im Haus, weil ich sie sonst aufesse. Gnadenlos. Schoki im Haus – Hirn aus – was für ein Schmaus – aber im Nachhinein ein Graus! Keine Schoki im Haus: Für mich besser!

Es gibt Lebensphasen der Regeneration, da machen temporäre Schutzmauern durchaus Sinn. Aber dann sollte man wieder raus ins Leben! Und in der freien Wildbahn gibt es keine Garantie, dass man nicht verletzt wird. Ich wünsche mir, mich offen verletzlich auf mein Leben einzulassen – mit Hirn und Herz –, obwohl ich es nicht kontrollieren kann.

Wie das geht? Selbstliebe.
Wie die geht? Phu, großes Thema.
Ich bin eine Lernende, eine ständig Übende.

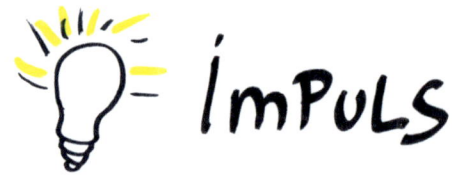

ZEIG DICH! In deinem Licht. Und in deinem Schatten. **Zeig dich ganz!** Schreib hier 5 schöne Dinge / Situationen/ Tätigkeiten auf, die für deine mutig gelebte Selbstliebe stehen!

1.

2.

3.

4.

5. Schokolade vor sich selbst verstecken. Sorry für meine Einmischung. Musste sein!

Was trifft auf dich zu?

a) ICH + ICH =

b) ICH + ICH =

c) ICH + ICH =

Sommervögel

Ich liebe das Wort „Anfängergeist". Also eigentlich die Bedeutung. Oder noch eigentlicher die Bedeutung, die es für mich persönlich hat. Eine Geisteshaltung der Präsenz, die das lebendige Jetzt ganz nahe an sich heranlässt. Was diese Wörter bedeutet? Das kann ich unmöglich mit noch mehr Wörtern erklären, das kannst du nur fühlen!

Ich bin natürlich froh, einiges im Leben gelernt zu haben und in manchen Belangen keine Anfängerin mehr zu sein. Genau genommen bin ich in gaaanz wenigen Dingen Fortgeschrittene und in unendlich viel mehr Dingen Anfängerin. Aber ist es nicht unerlässlich, dieses ewige Anfangen? Sonst gäbe es ja keine Persönlichkeitsentwicklung, keinen Entfaltungsprozess!

Jetzt ist es aber so, dass sich die sterbende Raupe im Kokon nicht denkt: „Juhu! Ich sterbe jetzt und das macht mir gar nichts aus! Denn erst dadurch werde ich nach meinem vermeintlichen Tod zu einem wundervollen Schmetterling!" Nein, die Raupe denkt sich nur „Fuck! Time to say Goodbye!" Und genauso es sich manchmal an in einer Transformationsphase, wenn das Alte geht und das Neue noch nicht da ist.

Nehmen wir mal an, dieser Schmetterling entfliegt seinem Kokon, erinnert sich an sein Raupendasein und denkt sich „Ah! Jetzt verstehe ich! Im Nachhinein macht alles Sinn!" Er lebt sein schönes buntes Leben, und am letzten Tag seines Daseins hat er überhaupt keine Angst zu sterben, denn er weiß ja aus seiner letzten Erfahrung, das Nächste ist immer das Schönere. Er ist quasi ein erleuchteter Falter. Ein Leuchtfalter. Ein strahlender Sommervogel! Das ist tatsächlich ein Synonym für Schmetterling – steht so im Internet. Außerdem steht dort: „Wörter ähnlich wie Sommervogel: Sommerbühne, Schmerbauch, Schnurrbart." Das soll ähnlich sein? Was für bewusstseinserweiterndes Zeugs haben die Verfasser dieses Eintrags da intus gehabt?! Will ich auch!

Alte Konditionierungen aufzulösen, funktioniert oft über Schmerz. Es ist fast immer so, oder? Die Raupe hat natürlich Panik davor, ihr Raupendasein aufzugeben. Raupen haben Angst vor dem Neuen. Ich verstehe das. Mir geht es ähnlich. Aber wenn ich mich selber immer wieder daran erinnere, dass ich meinem inneren Ruf nach Veränderung immer vertrauen kann, und dass das Nächste immer das Richtige ist, auch wenn ich meist nicht ganz genau kapiere, was wie wo warum und wieso überhaupt, dann bin ich mir selber good company! Dann bin ich immer in guter Gesellschaft, nämlich in meiner!

Wir wollen einerseits, dass alles gleich bleibt, andererseits, dass alles neu wird. Ein gesundes Gleichgewicht zwischen Alt und Neu wäre doch erstrebenswert! Die Raupe wollte sicher ewig als Raupe durchs Leben laufen. Klar! Wozu hat sie denn ihre 16 Beine, wenn nicht zum Laufen? Vielleicht bedeutet das, erwachsen zu werden. Zu er-wachsen in die schönste Version seiner selbst! Nämlich in die, die man gerade ist. Das genügt.

Bist du gerade in einer Übergangsphase? Das ist ok. Das ist sogar mehr als ok! Du bist genau richtig, so wie du gerade bist. Egal ob Raupe oder Schmetterling, beide sind vollkommen in ihrer jeweiligen Form. Es gibt da draußen keine Jury, die Punkte verteilt. Es gibt kein endgültiges Ziel. Es gibt nur dich, wie du gerade bist. Und wirst. So wie die Raupe ist, ist sie genug. Gut genug. Raupe genug. Nichts gegen das Streben nach Veränderung, nach dem nächsten Schritt. Aber man kann diese Entwicklung entspannt und neugierig aus der Fülle heraus machen oder gestresst und angespannt aus dem Mangel heraus. Ich denke, jede und jeder von uns ist mal mehr auf der einen und dann wieder auf der anderen Seite!

Ich habe mir ein Post-it an meinen Badezimmerspiegel geklebt: **Ich bin genug!** steht da geschrieben. Für den Fall, dass ich zwischendurch mal vergesse, dass ich richtig bin, so wie ich bin! Diese 3 magischen Wörter machen etwas mit mir. Sie beruhigen mich, sie zentrieren mich, sie erinnern mich, dass ich genüge.

Vielleicht inspiriert es dich dazu, das auch mal auszuprobieren?

Kleine Emotionspalette

Schließ die Augen → Fahr mit einem Finger die Palette rauf und runter → Lass den Finger intuitiv irgendwo zur Ruhe kommen → Öffne die Augen und schau nach, auf welche Farbe und welches Gefühl er zeigt → Dein Körper hat dich intuitiv zu dem Gefühl geführt, welches dich im Moment am meisten stärken kann → Meditiere eine Minute lang über das Gefühl → nach der Minute spür nach „Was hat sich in mir verändert?"

(Dieser Test ist nicht wissenschaftlich überprüft. Echt nicht! Geht gar nicht, denn ich habe ihn erfunden. Aber ich dachte mir, er könnte Freude machen. Und wirken. Denn unser Körper zeigt uns immer die richtige Richtung!)

kleine Emotions-Palette

∞

Vertrauen

Zufriedenheit

Mut

Leidenschaft

Dankbarkeit

Glück

Neugierde

Unbekümmertheit

Verbundenheit

∞

Sport und Selbstfürsorge ...

... fangen beide mit „S" an! Abgesehen davon haben sie viel miteinander zu tun.

Breaking news: Ich mache seit einigen Monaten regelmäßig Sport. Zum ersten Mal in meinem Leben gehe ich mehrmals pro Woche ins Fitnessstudio. Warum? Weil ich Anfang des Jahres 2019 einen heftigen Dengue-Virus Infekt hatte und infolgedessen kurzzeitig nicht mehr gehen konnte, was mich ziemlich schockiert hat. Als ich es wieder konnte, empfand ich unendliche Dankbarkeit. Eine Freude am Gehen, eine Begeisterung am Bewegen.

Ich hatte früher durchaus immer wieder kurze Phasen, in denen ich unregelmäßig Sport oder Yoga gemacht habe, tanzen oder joggen ging. Doch die Motivation ließ meistens rasch nach. Ich hatte mir immer gewünscht, jemand zu sein, der gern und freiwillig Sport macht. Und jetzt bin ich so jemand. Auf meine „alten Tage" mache ich plötzlich Sport. Naja, besser jetzt mit Mitte vierzig als nie. Was ich damit sagen will: Es ist tatsächlich nie zu spät, etwas neues Bereicherndes anzufangen!

Ich gehe also ins Fitnessstudio. Das ist untypisch für mich. Ich ertappe mich manchmal dabei, wie ich im Kraftraum ungläubig in den Spiegel schaue und es nicht fassen kann, dass mir da eine ursprünglich bewegungsscheue Nadja entgegenschaut, die jetzt tatsächlich Gewichte hebt. Es sind leichte Gewichte, aber es sind Gewichte! Die kleinen Erfolgserlebnisse – zum Beispiel, wenn sich die Kiloanzahl der Hanteln in wenigen Wochen deutlich erhöht – motivieren mich natürlich. Gut, ich werde nie wirklich topsportlich sein, aber darum geht's mir nicht! Mit dem Training stärke ich mein Herz und meinen Körper, ich unterstütze ihn dabei, dass er mich gesund durchs Leben trägt. Ich lerne viel beim Training. Ich lerne, meine Grenzen behutsam und doch kraftvoll zu stretchen. Ich lerne, dranzubleiben, wenn ich fast schon aufgeben will, und meine Leistung geduldig in kleinen Schritten zu erhöhen. Ich lerne, noch viel besser auf meinen Körper zu hören und ihm zu vertrauen, wenn er mir sagt, zum Beispiel dass ihm eine Übung oder ein Gerät einfach nicht guttun. Ich lerne, durchzubeißen und meine Kraftreserven zu aktivieren. Ich lerne, meine überhöhten Ansprüche loszulassen und aufzuhören, wenn mir eine Übung weh tut. Ich lerne, mich mit meinem Körper noch ein Stückchen intensiver zu verbinden. Ich lerne, den Mut, meinen bequemen Körper zu aktivieren. Und ich spüre, dass sich mir hier eine neue verschwitzte und zugleich wunderschöne Art der Selbstfürsorge offenbart.

Das Bewegen bewegt mich.
Was bewegt dich? Bewegst du dich?

Trainierst du mit Maß deine Körpermuskeln (und Lachmuskeln)?
Dehnst du regelmäßig deine Sehnen (und deinen Horizont)?
Stärkst du konstant deine Haltung (die innere genauso wie die äußere)?

Ich wünsche mir von Herzen, dass ich diesmal am Sport dranbleibe!

Und ich wünsche dir – genauso, wie ich es mir für mich selbst gewünscht hatte – dass du jemand bist oder wirst, der gern und freiwillig Sport macht.

Der Wunsch nach Bewegung muss von Innen herauskommen, aus dir heraus. Aber man kann sich Impulse holen! Deshalb meine Frage: Gibt es Sportarten, die dich schon lange interessieren und die du gerne mal ausprobieren möchtest? Hast du Lust, innerhalb der nächsten 2 Wochen einen Termin zu machen und diese Sportart mal auszuprobieren? Eine Einheit. Nur einmal probieren. Und dann weiterschauen. Hast du Lust? The time is now!

Gönn dir...,

...mal ein AbenTEUER!

Gönn dir.....

...mal 'ne Kugel Eis!

GÖNN DIR...

...EIN EINHORN
als FREUND !

Gönn dir....

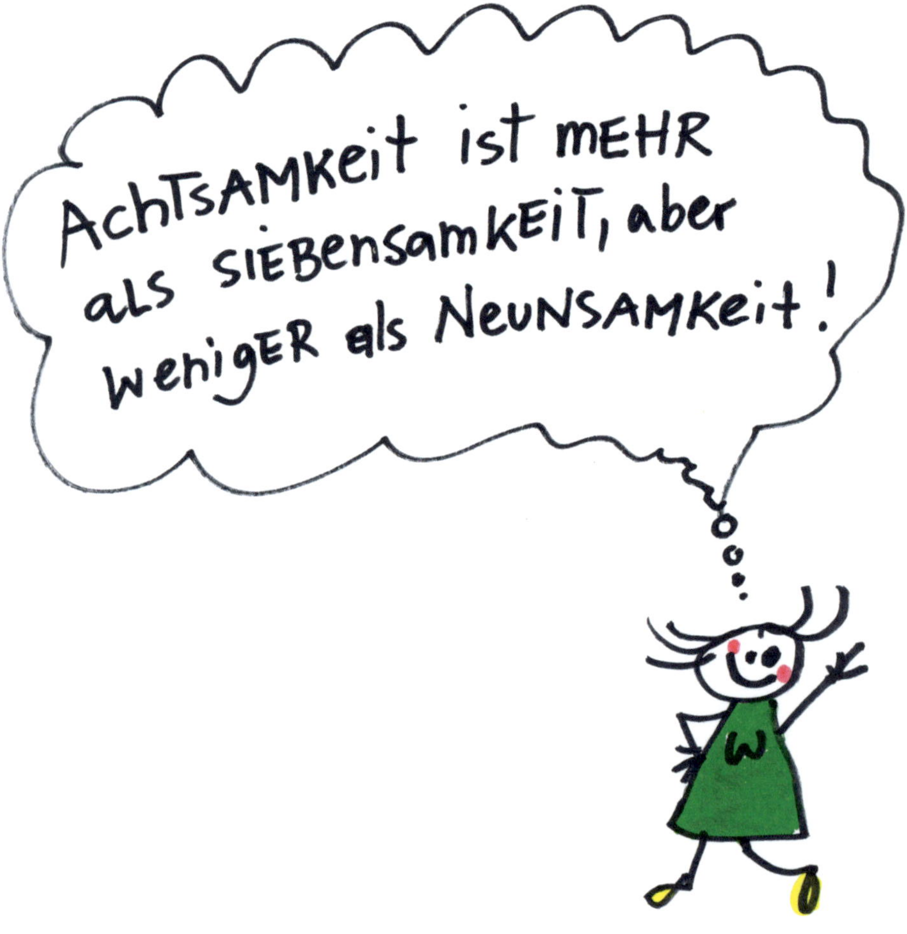

...mal ein wenig Blödsinn!

Gönn dir....

... Schönheit !

Beziehung zu anderen

ICH UND DIE ANDEREN

N.E.I.N. sind nicht nur 4 Buchstaben, sondern ein ganzer Satz!

Letztens sitze ich mit einer Freundin beim Kaffee zusammen, wir plaudern über dies und das. Sie schwärmt mir von ihrer einige Jahre zurückliegenden Auszeit vor. Ein halbes Jahr herumreisen, keine Zeitung lesen (nichts gegen Zeitungen!), keine fixen Termine (nichts gegen fixe Termine!), das Entdecken des eigenen Rhythmus' im Einklang mit der Sonne (nichts gegen die Handy-Wecker-Funktion!) – alles war wohl einfach nur herrlich! Ich frage sie, wie diese Reise sie verändert hatte, was denn danach anders war. Ihre Antwort: „Zu wenig!" Nach einigem Nachfragen kam heraus, dass es etwas gibt, was sich ihrer Meinung nach immer noch nicht zum Positiven verbessert hatte. Nämlich „Nein" sagen können.

Nein!

Begegnet dir dieses Thema auch so oft wie mir?

Frauen (und natürlich auch Männer), die eigentlich mit beiden Beinen im Leben stehen, die sich aber trotzdem schwertun, Nein zu sagen, obwohl sie innerlich ein deutliches Nein fühlen. Denen das zwar bewusst ist, denen es aber trotzdem nicht gelingt. Also ob uns ein Ja alle Konflikte vom Hals schaffen könnte! Als ob uns ein Ja zu besseren Menschen machen würde. Als ob man uns mit unseren Ja's mehr lieben würde. Als ob es nicht eine rechte Zeit für ein Ja und eine rechte Zeit für ein Nein gäbe.

Manchmal ist die Sache glasklar: Wenn man freudig und verliebt vor dem Traualtar steht und vom Pfarrer die Frage aller Fragen gestellt bekommt „Wollen Sie, Madja Naleh (Name von der Redaktion geändert) den hier anwesenden Bla Bla Bla ..." dann ist das NICHT der rechte Zeitpunkt, um Nein-Sagen zu üben. Aber wenn du von einem gut betuchten Freund gefragt wirst, ob du doch bitte bei seinem Umzug mitschleppen könntest – mit der wertvollen Zusatzinfo: „Leider habe ich im neuen Dachgeschoß-Loft keinen Aufzug, aber das Stiegenhaus ist eh breit genug für mein neues Zweitklavier!" – dann wäre es durchaus der rechte Zeitpunkt, ein freundliches Nein zu hauchen. Oder?

Die Bücher, die über dieses Thema geschrieben wurden, reichen wahrscheinlich bis zum Mond. Oder zur Venus. Und zurück. Wir wissen doch inzwischen eigentlich, dass Menschen, die sich gut abgrenzen können, von ihrer Umgebung mehr respektiert werden! Umgekehrt gilt: „Everybody's darling is everybody's Depp!" Warum fällt uns ein Nein trotzdem immer wieder so schwer? Weil wir Angst vor negativen Reaktionen haben! Von Unverständnis bis Enttäuschung, von Zurückweisung bis zum Vorwurf des Egoismus, von Disharmonie bis zum Streit. Da passt man sich lieber brav an und ignoriert die eigenen Bedürfnisse. Doch am Ende leidet der eigene Selbstwert und man fühlt sich als Opfer.

Was wir durch ein freundliches Nein im rechten Moment gewinnen? Selbstachtung, Klarheit, Erleichterung, Respekt, Selbstliebe!

Lasst uns das Nein-Sagen üben!
oder „Nein, danke!"
oder „Das möchte ich nicht!"
oder „Dazu habe ich keine Lust!"
oder einfach nur „Nein!"

Probiere es zunächst in Situationen, in denen dir das Wohlwollen des Gegenübers relativ egal ist. An der Käsetheke im Supermarkt, beim Abo-Keiler vor der U-Bahn. Du wirst sehen, es ist gar nicht so schlimm, niemand wird einen Heulkrampf bekommen und dir seine Todesverachtung ins Gesicht schleudern. Und die Welt wird sich mit ziemlich hoher Wahrscheinlichkeit ganz normal weiterdrehen. Du hast ein Recht auf dein Nein! Wie bei allem gilt: Übung macht die Meisterin!

PSYCHOTEST: Bist du selbstbewusst abgegrenzt?

Lass uns doch mal deine Nein-Fähigkeit testen! Bitte beantworte folgende Fragen:

1) Meine Zeit ist unendlich, deshalb kann und soll ich sie vergeuden.

a. Ja klar! Ich habe immer für alle Zeit! Immer. Für alle!

b. Weiß nicht.

c. Sicher nicht! Das Leben ist kurz, meine Zeit ist wertvoll, ich investiere und verschenke sie mit Bedacht.

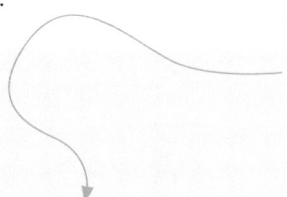

2) Es ist meine Aufgabe, es allen recht zu machen!

a. So ist es! Nur dann ist mein Leben sinnvoll. Mein Wert wird dadurch bestimmt, dass ich auf keinen Fall irgendwo anecke.

b. Weiß nicht.

c. Geht's noch? Es ist meine Aufgabe, es mir selber recht zu machen. Nur wenn ich glücklich bin, kann ich auch meine Umgebung glücklich machen.

3) Klare Grenzen zu setzen bedeutet automatisch, egoistisch zu sein und andere Menschen zu verletzen.

a. Auf jeden Fall! Wahre Liebe kennt keine Grenzen. Deswegen singt Frank Sinatra ja auch „All of me. Why not take all of me!" und nicht „Almost all of me. Why not take almost all of me!"

b. Weiß nicht.

c. Jeder Mensch hat natürlich Grenzen, die es zu respektieren gilt. Klare Grenzen schaffen Klarheit. Und Klarheit schafft Harmonie.

4) Wenn sich im Leben eine Tür schließt, dann ...

a. ... ist sie zu.

b. Weiß nicht.

c. ... öffnet sich irgendwo eine andere. Oder ein Fenster. Oder irgendetwas. Egal was, Chancen und Möglichkeiten gibt es immer!

5) Ich muss jederzeit und überall erreichbar sein.

a. Natürlich! Sonst könnte die Welt untergehen!!!!!!!

b. Weiß nicht.

c. WTF? Ich habe ein Recht auf Privatsphäre, auf meinen Rückzugsraum, auf Ruhe.

6) Es gibt keine alternative Formulierung für Nein, die nicht unhöflich und negativ wirkt.

a. Stimmt auf jeden Fall! Ja ist immer positiv und gut. Nein ist immer negativ und schlecht. Nein-Sager sind egoistische Monster. Pfui!

b. Weiß nicht.

c. Bullshit! Es gibt genug freundliche Formulierungen, die für ein „Nein" stehen könnten! „Es tut mir leid, aber ich möchte das nicht." oder „Da bin ich nicht die richtige Person!" oder „Bitte nicht böse sein, aber das passt für mich nicht!" oder „Ich bin derzeit nicht interessiert! Ich bin sicher, Sie haben dafür Verständnis!" oder eben ein zeitsparendes „Nein!"

7) Meine eigenen Bedürfnisse sind genauso wichtig wie die Bedürfnisse der anderen.

a. Nein! Ähm sorry, ich wollte jetzt nicht unhöflich Nein sagen, sondern: das sehe ich anders! Denn Geben ist seliger denn Nehmen! Ja und Amen! Das Leben ist nun mal ein Geben und Geben. Ich meine, ähm, ein Nehmen und ... Nein, ich meine, ach ich bin verwirrt! Lassen Sie mich in Ruhe.

b. Weiß nicht.

c. Im besten Fall gibt es genug Platz für mein eigenes Wohlbefinden UND die Bedürfnisse der anderen. Das wäre dann eine Win-win-Situation!

- Wenn du am häufigsten a) ange-
kreuzt hast, musst du nicht üben,
Ja zu sagen. Das kannst du schon
sehr gut! Aber beim Nein-Sagen
hapert es noch. Ein wenig. Vielleicht. Möglicherweise. Eigentlich
extrem. Also: Üben Üben Üben!
Hier zur Sicherheit „Nein" in meh-
reren Sprachen, du solltest ein
internationaler Nein-Profi werden:
no, non, nö, laa, nee, nej, he, ohi,
lo, tidak, kaore, kheyr, nahin, ei –
und auch in Aserbaidschan solltest
du Nein sagen können, nämlich
so: xeyir.
- Wenn du am häufigsten b) an-
gekreuzt hast, dann weißt du oft
nichts.
- Wenn du am häufigsten c) an-
gekreuzt hast, dann lebst du in der
Fülle deiner Selbstwertschätzung.
Juhu!

KINTSUGI

Als ich zum ersten Mal von Kintsugi gelesen habe, war ich zutiefst bewegt. Ich hatte gerade eine anstrengende Trennung hinter mir, die mich an mir und überhaupt an allem zweifeln ließ. Dann las ich einen kurzen Artikel über Kintsugi und fühlte mich total abgeholt, denn in dem Moment empfand ich mich selber genauso wie eine zerbrochene Tasse, die gefühlte tausende Male geklebt und repariert wurde. Ein Gefäß voll mit Rissen und Unebenheiten. Ich las von dieser zauberhaften Goldreparatur, von der Wertschätzung der Fehlerhaftigkeit. Von der Goldverbindung, die den Makel hervorhebt, statt ihn zu vertuschen. Und plötzlich konnte sich meine Sicht auf meine inneren und äußeren Brüche verändern. Ich begriff: Ich darf sie ehren und wertschätzen, die Schönheit im Vergänglichen und Fehlerhaften begreifen!

Wir dürfen stolz sein auf unsere Risse, sie machen uns schön und einzigartig. Wir können unsere emotionalen und körperlichen Scherben mit Gold wieder zusammenfügen. Dem einzigen Gold, das uns zur Verfügung steht: der bewussten und liebevollen Wertschätzung! Der Selbstverbundenheit. Dem liebevollen Blick auf uns selbst und die Welt.

KINTSUGI

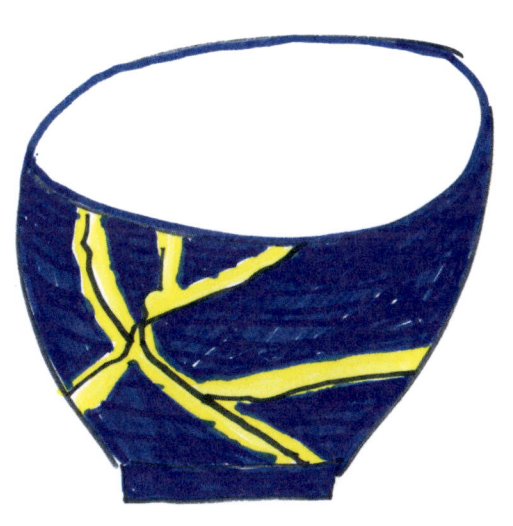

japanische GOLDREPARATUR
für zerbrochene Keramik.
Es geht um die Wertschätzung
der Fehlerhaftigkeit. Das
Gold hebt den „Makel" hervor
und ehrt ihn!

GLEICHMUT

Liebesdusche (Wenn eine Frau den Installateur bestellt …)

Nicht nur Trinktassen bekommen Sprünge, auch Duschtassen. Meine zum Beispiel. Im Herbst, gerade als es begann kalt zu werden, habe ich bemerkt, dass meine Duschtasse an der Seite gebrochen ist und Wasser in die Wände eindringt. Ich habe meinem Installateur daraufhin Kintsugi für meine Duschwanne vorgeschlagen (siehe vorheriges Kapitel, Seite 52), aber irgendwie fand er die Idee, die Risse in der Duschtasse mit hochkarätigem Gold auszufüllen, nicht so toll. Ob meine Hausverwaltung das flüssige Gold gezahlt hätte? Gut, dann lösen wir das Problem eben auf konventionelle Art: Eine neue Duschtasse muss her! Aber gehen wir doch gemeinsam Schritt für Schritt durch dieses prickelnde Duscherlebnis.

Gibt man in den gängigen Suchmaschinen den Satz „Wenn eine Frau den Installateur bestellt" ein, dann kommt man direkt auf einschlägige Porno-Seiten. Offenbar beflügelt die Kombination „Frau und Installateur" die erotischen Fantasien der Menschen. Ich habe tatsächlich den Link zu folgendem Video entdeckt „Gamsige Biene bezahlt Installateur mit Geschlechts-

verkehr". Ich habe ihn nicht angeklickt, es wird zu meinem Wohle gewesen sein.

Aber in meiner Fantasie hat sich der Installateurbesuch bei der gamsigen Biene so abgespielt:

Eine Frau, ganz alleine zu Hause, es klingelt, sie öffnet die Tür, leicht bekleidet mit einem gelb-schwarz-gestreiften Seidenmorgenmantel, darunter nichts als erotische Erwartungen und Chanel Nr. 5.

Sie: *(gehaucht)* Guten Tag, das sind Sie ja! Ich habe schon auf Sie gewartet!

Er: *(in sexy Arbeitsmontur, in der seine stählernen Muskeln voll zur Geltung kommen, leicht verschwitzt und mit blitzweißem Lächeln)* Sie rufen, ich komme!

Sie: *(auf verschämt)* Oh, mein Gott, Sie sind etwas zu früh hier, ich bin noch gar nicht dazu gekommen, mich anzuziehen!

Er: *(mit breitem Grinsen)* Aber das stört mich doch nicht, Lady. Von mir aus könnten Sie Ihren Bienenmantel auch ganz ausziehen!

Sie: *(mit funkelnden Augen und Piepsstimme)* Oh nein, das geht nicht. Denn darunter bin ich nackt. Splitterfasernackt.

Er: *(mit schiefem Grinsen)* Lady, glauben Sie mir, ich werde Ihr hübsches Gerät warten, mit Sorgfalt und Genauigkeit und auch mehrmals hintereinander, wenn Sie das wollen.

Sie: *(mit roten Nervositätsflecken im Gesicht)* Oh, aber haben Sie denn auch das nötige Werkzeug dafür?

Er: *(öffnet seine Hose)* Überzeugen Sie sich selbst!

Sie: *(entzückt)* Oh ja, es ist hart und bereit.

Er: *(lasziv)* Mmmh.

Sie: *(lässt den Bienenmantel beiläufig von den Schultern gleiten)* Oje, ein Windhauch hat mir den Mantel runtergeweht.

Er: *(reißt sich seine Arbeitsmontur vom Leib, beäugt sie fachmännisch)* Lady, ich werde jetzt ein paar Druck- und Dichtheitsprüfungen vornehmen. Danach werde ich alle notwendigen Rohre verlegen.

Sie: *(in erotischer Ekstase keuchend)* Ja, oh ja! Ich wusste es! Es lohnt sich wirklich, einen Profi zu bestellen, der sein Handwerk geschickt beherrscht!

Er: *(stark schwitzend)* Schweißarbeiten im Zuge von Rohrverlegungen sind meine Spezialität!

Sie: *(im siebten Himmel, weil fachgerecht von hinten versorgt)* Installateur, das ist wirklich ein Job mit Zukunft!

Er: *(körperliche Höchstleistungen vollbringend)* Gamsige Bienen bekommen von mir ein kostenloses Rundumservice!

Sie: *(atemlos)* Ich hoffe auf nachhaltige Betreuung!

Hier endet dieser spannende Dialog.

Man sieht nur mehr feuchtfröhliche Actionszenen.

Soviel zur Fantasie. Nun zur Realität.

8 Uhr morgens, es läutet. Ich springe verwirrt aus dem Bett, oje,

ich habe den Wecker überhört. Ich wurschtle mich hektisch in Windeseile in meinen Hausjogginganzug und renne zur Türe, meine Haare stehen in alle Himmelsrichtungen. Der Installateur betritt meine Wohnung.

Ich: *(gehaucht, weil eigentlich noch schlafend)* Guten Morgen.
Er: *(ganz normal)* Guten Morgen.
Ich: *(mit Schlafkrümeln in den Augen)* Bitte kommen Sie rein. Tut mir leid, ich habe verschlafen.
Er: *(ganz normal)* Macht nichts.
Ich: *(mit Morgenmundgeruch)* Kommen Sie weiter, hier ist die defekte Dusche. Oje, ich wollte noch mal duschen, na egal. Könnte ich noch schnell Zähne putzen?
Er: *(ganz normal)* Kein Problem.
Ich: *(meine fusseligen Hauskuschelsocken anziehend)* Möchten Sie einen Kaffee?
Er: *(ganz normal)* Ja bitte.

Was soll ich sagen, so aufregend ging es dann auch weiter.
Er hat die Fliesen abgeklopft, die Dusche abmontiert und ein elendslautes Trockengerät aufgestellt. Irgendwann hat er mich dann doch heftig zum Stöhnen gebracht. Nämlich in dem Moment, als ich die dicke weiße Staubschicht entdeckt habe, die meine gesamte Wohnung und sogar mich selbst bedeckt hat.

Inzwischen ist meine Dusche wieder intakt.
Und ich um eine Illusion ärmer.

Worum es mir bei der Geschichte eigentlich geht (außer um den Spaß), ist die Erkenntnis, dass ich offenbar davon ausgehe, dass in meinem Leben alles immer zu funktionieren hat. Wenn dann mal etwas kaputt geht, bin ich ziemlich schnell genervt und zornig. Aber warum eigentlich? Dinge gehen kaputt, das liegt in deren Natur und gehört zum Leben! Auch ich „funktioniere" nicht immer einwandfrei. Und ich muss mich fragen: Reagiere ich bei Störungen in meinem „System" auch so genervt wie bei meiner defekten Dusche? Habe ich da auch null Fehlertoleranz?

Der Gedanke macht mich unglücklich. Kleine Defekte und Störungen sollten mich weder aus der Ruhe noch aus der Selbstliebe bringen können! Besser wäre es, daran zu wachsen und mich in Gleichmut zu üben. Denn in Gleichmut steckt das Wort Mut! Der Mut zur Gelassenheit, Mut zu Vertrauen, Mut zur Veränderung. Diese Erkenntnis habe ich gleich zur Anwendung gebracht und die wochenlangen Reparaturarbeiten in meiner Wohnung erstaunlich gleichmütig hingenommen. Ein wenig genervt war ich schon, aber das war nicht der Rede wert. Installateure kommen und gehen, kleine Krisen auch. **Ich plädiere für einen gewissen entspannten Spielraum für Kaputtes!**

Im Englischen gibt es den schönen Begriff „To shower someone with something", was so viel bedeutet wie „Jemanden mit etwas überschütten". Ich beschließe also sogleich, to shower myself with tolerance and love, auch bzw. besonders in Krisenzeiten. Und du kannst das auch!

 **Impuls**

Schreib hier eine kleine Liste von stressigen Situationen, in denen du ab jetzt möglichst gleichmütig bleiben möchtest! Hier ein paar Vorschläge: bei Sonntagsfahrern im Straßenverkehr, bei umgefallenen Rotweingläsern, bei unhöflichen Kellnern, wenn dir oder deinem Gegenüber in einem unpassenden Moment ein Pups auskommt, wenn dein Lieblingslippenstift nicht mehr nachproduziert wird …

1.

2.

3.

4.

5.

6.

WICHTIGER NACHSATZ: Gleichmut ist wundervoll, aber Wut auch. Beides hat seine Berechtigung, kommt ganz auf die Situation an. Wut kann ein hilfreiches Signal sein. Ein Gefühl, das uns warnt bei Ungerechtigkeit. Ein Warnsignal für Unfairness, wenn Grenzen überschritten werden. Wut ist eine Kompetenz! Wut hat Platz in deinem Leben.

NOCH EIN NACHSATZ: Laut Wörterbuch ist Gleichmut auf innerer Ausgeglichenheit beruhende Gelassenheit. Ich habe gerade das Wort „Gleichwut" erfunden. Im Sinne von auf innerer Ausgeglichenheit beruhender Wut. Gleichmut und Gleichwut – wir dürfen beides genießen!

Prinzenrollen

„Walt Disney war der größte Verbrecher aller Zeiten!", schleuderte mir meine Freundin S. aufgebracht und leicht beschwipst zwischen zwei Granatapfel-Prosecchi entgegen, nachdem sie mir von ihrer schmerzhaften, aber am Ende doch glücklichen und befreienden Trennung erzählt hatte. Ist vielleicht etwas plakativ, diese Aussage, und der liebe Walt kann nun wirklich nichts für ihr aufwühlendes Privatleben! Aber irgendwie kann ich verstehen, was S. meint.

Von Beginn an bekamen wir Mädchen in all den durchaus sehr kreativen und technisch hoch versierten Disney-Filmen und Hollywoodschinken ein ziemlich verzerrtes einseitiges Bild von der romantischen Liebe zwischen zwei Menschen – ich bin 1972er-Jahrgang, da hallten die 1950er-Jahre noch nach! Eines zog sich durch so ziemlich alle Geschichten: die junge Frau (immer makellos und schön) wartet passiv (mal länger, mal kürzer) auf den Prinzen (immer stark und mutig), der sie rettet und ihrem Leben endlich Sinn gibt. Wenn ER da ist, wird ALLES gut. Glücklich sein und Heiraten sind sowieso ein und dasselbe.

So weit, so gut. Oder absurd. Denn kleine Mädchen werden groß und fragen sich irgendwann: Wo ist er jetzt, der muskelgestählte Held, der meinem Leben (und meiner kohlehydratfreien Diät) endlich einen Sinn gibt? Man fängt an, erste Unstimmigkeiten zwischen Disneyfilmen und seinem eigenen Leben zu entdecken. Anfangs, eigentlich viel zu lange, glaubt man, dass der Fehler bei einem selbst liegen muss: „Klar, ich bin nicht schön / schlank / lieb /brav genug!" Bis man erkennt: Hoppala!

Disneys Definition von Weiblichkeit ist nur ein winziger eindimensionaler Ausschnitt all der Möglichkeiten, die Mädchen und Frauen haben.

Nun muss man bedenken, nicht nur kleine Mädchen, sondern auch kleine Jungs wachsen mit diesen märchenhaften Geschichten auf, die dann nahtlos von Youporn abgelöst werden, und beide werden die Realität auf die harte Tour erkunden müssen. Es tut sich viel, die Rollenbilder sind im Wandel. Aber einengende Geschlechterstereotype und ein strukturelles Ungleichgewicht bestehen immer noch. Es geht nicht darum, mit dem Finger auf den bösen Walt und die bösen Prinzen da draußen zu zeigen. Ich denke, wir Frauen dürfen erkennen, dass wir unser Leben neu und anders gestalten können, uns neu und anders verlieben dürfen. In uns selbst und in ein Gegenüber. Wir dürfen uns neue vielfältige Geschichten erzählen!

Nicht auszudenken, wenn man das Disney-Erfolgsmodell um reale oder gar emanzipierte Aspekte erweitern würde, ohne traditionelles patriarchalisches Narrativ.

Man stelle sich vor, Schneewittchen gründet eine freizügige Kommune mit den 7 Zwergen, in der die Hausarbeit gerecht unter allen aufgeteilt wird. Sie wird gewollt schwanger von einem von ihnen – allen ist vollkommen egal von wem – und sie ziehen das Wunschkind gemeinsam auf. Einkommensquelle sind unter anderem ihre erfolgreichen One-Woman-Comedy-Shows mit dem Titel „Woman in the mirror", die auch jenseits des Waldes für Furore sorgen. Mehrmals die Woche kommt der Prinz vorbei. Früher hatte er als Inklusionsbeauftragter gearbeitet, aber nachdem Inklusion selbstverständlich geworden war, hat er auf Künstlermanagement umgesattelt. Nun bereitet er dem polyamourösen Schneewittchen privat sowie beruflich sehr viel Freude.

Oder: Prinzessin Jasmin eröffnet eine Anwaltskanzlei, um in ihrer Heimatstadt Agrabah zeitgemäße neue Gesetze durchzusetzen und sich für die Rechte der Armen einzusetzen. Tagsüber leitet sie die Kanzlei, nachts lässt sie die Balkontür offen, damit ihr Lebenspartner Aladdin (Abu muss draußen bleiben, Jasmin hat eine Affenhaarallergie) auf seinem fliegenden Teppich hereingeschneit kommen kann. Nach einer beflügelnden gemeinsamen Nacht und einem leckeren Falafel-Humus-Frühstück fliegt Aladin dann in sein Geschäft, in dem er überteuerte Wunderlampen für gutgläubige Touristen anbietet. Das Business läuft gut, ein Zweitteppich wird angeschafft, Jasmin bekommt eine Affenhaarallergen-spezifische Immuntherapie und hin und wieder taucht ihr netter Kumpel Dschinni wie aus dem Nichts zum vegetarischen Grillen auf. What a life!

Oder die Königstochter Dornröschen wird endlich vom Prinzen wachgeküsst. Und weil sie von ihren Eltern zu einer selbstbewussten jungen Frau erzogen wurde, kann sie dem Schmuse-Prinzen sagen, wie genau es ihr gefällt, was der Prinz natürlich gerne umsetzt, weil er ihre erotischen Wünsche respektiert und weil ihre Lust auch die seine ist und umgekehrt, sodass beide am Ende des Tages erschöpft glücklich unter der Dornenhecke einpennen.

Können wir uns bitte endlich auch neue Geschichten erzählen?

„Thank you, next!"

... ist der Titel eines Songs der US-amerikanischen Sängerin Ariana Grande.

In diesem Song besingt sie ihre Ex-Lover, und zwar auf eine wertschätzende Art und Weise. Im Grunde genommen bedankt sie sich für all die Erfahrungen und Lebenslektionen, die sie durch jeden Einzelnen gewonnen hat. Der eine hat sie Liebe gelehrt, der nächste Geduld, wieder ein anderer Schmerz, und am Ende landet sie dann bei der Liebe zu sich selbst.

Der Titel führt uns zunächst auf eine falsche Fährte. Er klingt nach oberflächlicher Fließband-Liebe: Danke, der nächste bitte! Aber im Leben ist es nun mal so, dass manche kommen, um zu gehen, und ein paar wenige kommen, um zu bleiben. Wir lieben und wir verlieren. Aber wir gewinnen auch so unendlich viel.

Und was ist jetzt sinnvoller? a) Mit ewigem Groll, bitteren Enttäuschungen und autoaggressiven Vorwürfen zurückzuschauen auf all die Verflossenen oder b) zu versuchen, in allem und allen ein Geschenk zu entdecken! Um dann erfahrungsreicher und illusionsärmer weiterzugehen.

Das brachte mich auf die Idee, es der lieben Ariana gleichzutun, ein Blatt Papier herzunehmen und eine Liste meiner Verflossenen zu erstellen (ich bin Mitte Vierzig, meine Liste geht sich auf einem Post-It nicht mehr aus!). Zu jedem Namen wollte ich dazuschreiben, was ich aus dieser Beziehung an positiven Erfahrungen mitgenommen habe. Und ich muss sagen: Zu meiner Überraschung ist mir bei jedem wirklich viel eingefallen, sogar bei den größten ... %*⊗&xx#*! Das funktioniert, wenn man sich dazu entscheidet, den Fokus aufs Positive zu legen. Das heißt nicht, dass man so tut, als ob es ausschließlich Positives gegeben hätte. Man fasst einfach die Absicht, Geschenke zu sammeln. Das hat sogar richtig Freude gemacht. Weil es mir den Wert der früheren Verbindungen noch mal vergegenwärtigt hat. Beim Anblick der Liste überkam mich ein berührendes Gefühl! „Wow, was ich schon geliebt habe! So viele Begegnungen, so viele Erfahrungen, so viel Gefühl!"

IMPULS

Vielleicht hast du jetzt Lust, eine solche Liste zu erstellen! **Es ist ein bisschen wie Frieden schließen mit der Vergangenheit. Wie eine Dankbarkeitsgeste für all die Nähe, die man gefeiert hat.** Wie das Alte abschließen und ins Neue weitergehen! Denn: Im Nachhinein entwertend über eine verflossene Liebe zu sprechen, das ist, wie eine Rose zu entwerten, nur weil sie verblüht ist.

JEDER MENSCH IST EINE MELODIE*

... also ordne folgende Songs Deinen Freundinnen zu! Und erstelle Deine eigene Playlist, dann gehst Du quasi immer mit deinen Sports-Freundinnen joggen!

zum Beispiel:

Girls just want to have fun (Cyndi Lauper)

= *Birgit*

Viel Spaß!

Let´s dance (David Bowie)
=

We are family (Sister Sledge)
=

You are so beautiful (Joe Cocker)
=

Respect (Aretha Franklin)
=

No woman, no cry (Bob Marley)
=

California girls (The Beach boys)
=

Crazy (Gnarls Barkley)
=

Born to be wild (Steppenwolf)
=

Nothing compares to you (Sinead O´Connor)
=

* Franz Werfel

Zombie (The Cranberries)

=

Time to say Goodbye (Andrea Bocelli & Sarah Brightman)

=

Rehab (Amy Winehouse)

=

I will always love you (Whitney Houston)

=

I want to hold your hand (The Beatles)

=

Platz für eigene Song-Ideen:

→

=

→

=

→

=

Hier schenke ich dir
MEINE MELODIEN!
Einfach QR-Code scannen oder
meine CD auf Spotify anhören!

Wie du Sabine glücklich machen kannst!

Stell Dir vor, du stehst im Supermarkt in der ewig langen Schlange vor der Kasse. Es ist **immer** die längste Schlange von allen, in der man steht. Es ist zum Ausflippen! Und sie wird nicht kürzer. Es dauert und dauert und dauert, bist du drankommst, und du wirst immer ungeduldiger, um nicht zu sagen: extrem mega ultra total irrsinnig genervt. Und jetzt komm ich noch um die Ecke mit einem tollen Rat: „Bitte sorge auf der Stelle dafür, dass deine Leber sich entspannt. Drossle deinen Herzschlag, und senke deinen Blutdruck! Auf 3. 1-2-3-Los! Jetzt! Hallo?!!? Wie, das kannst du nicht? Wie, dafür bist du nicht zuständig?"

Stimmt! Dafür ist nämlich der Parasympathikus zuständig. Er wird auch als Erholungsnerv bezeichnet, was ihn mir wirklich sehr sympathisch macht! Er fährt den Körper bei Bedarf runter. Und sein Buddy, der Sympathikus, fährt den Organismus bei Bedarf hoch. Wenn ich im Fitnessstudio trainiere, sorgt er dafür, dass mein verschwitztes Gesicht knallrot anläuft, als hätte ich gerade Drillinge geboren. Schick, das! Danke Sympathikus. Dann gibt es noch das Eingeweidenervensystem, und zusammen bilden die drei Freunde das vegetative Nervensystem, das viele lebenswichtige Körperfunktionen steuert.

Jetzt empfiehlt es sich also, den Parasympathikus zu stärken! Durch Yoga oder Tai-Chi zum Beispiel, frische Luft oder ausgewogene Ernährung, moderates Training oder Meditation. Und da gibt es eine, die ich besonders schön finde. Die man immer und überall ganz easy machen kann, und die sofort wirkt!

Die **Metta-Meditation** aus der buddhistischen Tradition.

Metta kommt aus dem Sanskrit und ist zu übersetzen mit Freundlichkeit, liebende Güte, aktives Interesse an anderen. Diese innere Haltung wird geübt. Zuerst adressiert man sich selbst, man schickt sich selbst liebende Güte! Das ist die Tradition des **Selbst-Mitgefühls**.

Typische Formulierungen sind „Möge ich glücklich sein". Da kann man dann alles einsetzen, was man sich für sich selbst wünscht: „Möge ich gesund sein!" „Möge ich mich so annehmen und lieben, wie ich bin!" Und in weiterer Folge adressiert man dann andere Menschen! „Möge Sabine glücklich sein!" (... dieser Beispielsatz gilt natürlich nur für Menschen, die Sabine heißen. Für alle Sabines dieser Welt! Allen anderen würde der Satz am Allerwertesten vorbei gehen. In diesem Sinne, Gratulation allen Sabinen, toll für alle Sabinerinnen!)

Wenn wir uns anderen mit guten Gedanken und Gefühlen zuwenden, fühlen wir uns entspannt und verbunden. Fromme Wünsche wie „Möge Herbert, der Depp, endlich einsehen, dass ich die einzig Richtige für ihn bin!" oder „Möge Franz mir morgen endlich meine kaputte Waschmaschine reparieren!" gelten nicht! Ich sag's nur.

Ich liebe das Wort Selbstmitgefühl! Es macht mich weich, es verbindet mich sofort mit mir, es bringt mich augenblicklich in mein Herz!

Ich bin draufgekommen: Das funktioniert sogar sekundenweise! Ich kann einen gütigen Gedanken mit einem tiefen Atemzug verbinden, schon fühle ich eine entspannte Ausdehnung.

IMPULS

Probier es mal mit einer kleinen Metta-Meditation, wenn du das nächste Mal genervt in der Supermarktschlange wartest. So kannst du die leere Wartezeit sinnvoll nutzen! Tief einatmen – Herz öffnen und einen lieben Gedanken schicken bzw. einfach nur fühlen – ausatmen. Die Schlange wird dadurch zwar nicht schneller kürzer, aber dir geht's deutlich besser damit!

So, und nun mache **ICH** eine kleine Metta-Mediation und adressiere **DICH!** Ja, genau **DICH**, die du das gerade liest!

Mögest du glücklich sein.

Mögest du erkennen, wie schön du bist.

Mögest du innere Ruhe und Kraft empfinden.

Mögest du mit Leichtigkeit leben.

Mögest du dir selbst die beste Freundin sein!

thinking out of your box

Unser Verstand bewertet, vergleicht, macht Konzepte. Das ist in Ordnung, das ist sein Job. Wir alle wünschen uns die Fähigkeit, neue Ideen zu entwickeln und aus alten Denkmustern auszubrechen. Allgemein bekannt als „thinking out of the box". Aber welche box ist hier überhaupt gemeint?

Hier ein paar allseits bekannte Kisten! Schau dir mal bewusst an, welche Kisten du überhaupt hast. Öffne sie und überprüfe, ob deren Inhalt noch zu dir passt! Vielleicht möchtest du eine oder mehrere davon entrümpeln. Oder dir neue Kisten zulegen! Nimm einen Stift und probiere mal **„drawing out oft he box"**!

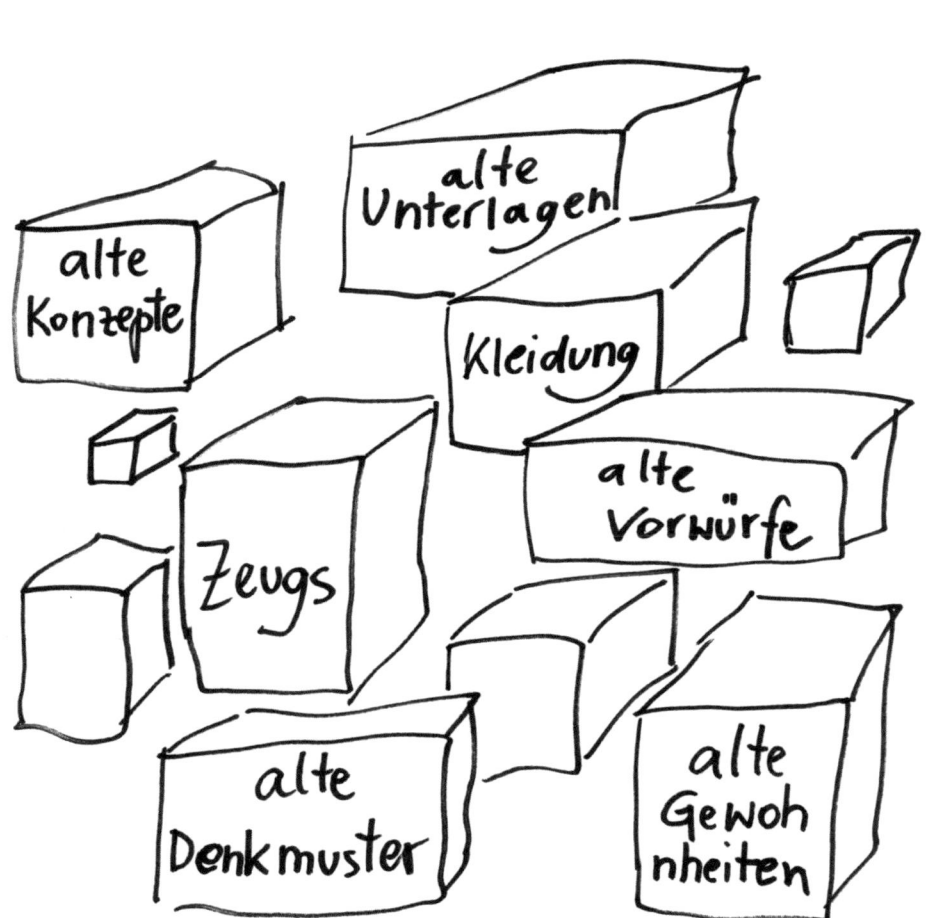

Bärenstark

Ich habe letztens auf Facebook ein einminütiges Video gesehen und plötzlich etwas für mich Tiefgreifendes verstanden.

Worum geht es in diesem Video? Wir sehen eine Bärenmama, die gemeinsam mit ihrem Bärenbaby einen extrem steilen und schneebedeckten Hang erklimmt, das Baby nur ein paar Meter hinter der Mama. Sie kommt entspannt oben an, dreht sich um, doch keine Spur von ihrem Kleinen. Das Bärenbaby ist zu leicht und zu unbeholfen, es rutscht immer wieder ab. Kurz sieht es so aus, als ob es den Aufstieg schaffen würde, und man möchte ihm zurufen „Ja, du schaffst das! Gib nicht auf!" Aber dann Flutsch, es purzelt den Abhang wieder runter. Die Mutter wartet oben unruhig auf ihr Kleines, das einen Versuch nach dem anderen startet, doch immer wieder scheitert und hilflos herunterrutscht. Aber es gibt nicht auf.

Das Bärchen hat offenbar einen Resilienz-Workshop besucht! Es sucht sich jedes Mal eine neue Schneeverwehung, ein bisschen mehr nach rechts, Flutsch, oje, na dann doch ein bisschen mehr nach links, Flutsch, oje, dann doch in der Mitte. Plötzlich gewinnt es Bodenhaftung, ein Tapser nach dem anderen und der Aufstieg ist geschafft. Oben nimmt die erleichterte Mutter ihr Kleines in Empfang und die gemeinsame Wanderung kann weitergehen. Happyend!

Was ich hier „Tiefgreifendes" verstanden habe? Dass das Leben aus Momentaufnahmen besteht. Wenn ich das Video nach den ersten zehn Sekunden gestoppt hätte, hätte ich bloß eine unauffällige Geschichte gesehen. Zwei Tiere erklimmen einen Hang. So what?

Wenn ich das Video nach dem ersten gescheiterten Versuch des Bärenjungen gestoppt hätte, hätte ich eine traurige Geschichte gesehen. Mama oben, Baby unten. Kein happyend.

Hätte ich nur den Mittelteil des Videos gesehen, wäre das eine ausweglose Geschichte gewesen, eine Aneinanderreihung von gescheiterten Aufstiegsversuchen eines süßen Tierbabys. Wie entmutigend!

Wenn ich nur das Ende des Videos gesehen hätte, dann wäre das allerdings eine vollkommen uninteressante Geschichte gewesen. Eine Bärenmama wartet kurz auf ihr Junges, das ihr die letzten Meter entgegenkommt und die beiden stapfen in die schneebedeckte Landschaft. Keine Erzählung wert.

Weil ich aber das ganze Video gesehen habe, kannte ich die ganze Geschichte. Die vermeintlich ganze Geschichte! Denn ich weiß ja nicht, wie die Reise der beiden weiterging. Kamen sie kurz darauf in einen tödlichen Schneesturm? Trafen sie um die Ecke ein paar Bärenkumpels und gingen miteinander auf einen Eistee? Rutschte das Baby den nächsten Abhang wieder runter?

Und da habe ich in aller Deutlichkeit verstanden: Wir alle sehen immer nur einen winzigen Ausschnitt des Lebens, bewerten ihn aber, als ob er absolut und objektiv wahr wäre. Doch je nachdem, zu welchem Zeitpunkt man ins Leben eines Menschen blickt, verändert sich seine Geschichte.

Ich denke, wir dürfen uns bei all dem gegenseitigen Bewerten und ewigen Kategorisieren bewusst machen, dass all unsere Geschichten RELATIV sind. Es gibt immer ein größeres Bild, das wir meist nicht in vollem Ausmaß kennen. Vielleicht hilft uns dieses Bewusstsein, jede Momentaufnahme als solche zu erkennen und das große Ganze dahinter im Bewusstsein zu behalten. Und nicht auszuschließen, dass wir uns mit so manch einer rigiden Beurteilung einer Situation oder eines Menschen gewaltig irren könnten!

Als Beispiel möchte ich hier eine kleine Geschichte erzählen, die mir vor kurzem passierte. Ich stand gerade auf der Bühne und performte mein Kabarettsolo, die Stimmung war sehr gut, als plötzlich mittendrin ein junger Mann, ich schätzte ihn auf Mitte zwanzig, jäh aufsprang und herumschrie, dass er den Schas nicht mehr aushält und dass er jetzt geht! Er verließ mit erhobenem Stinkefinger schimpfend den Zuschauerraum. Alle waren perplex. Ich dachte, dass ich wohl etwas gesagt haben muss, dass ihn erzürnt hatte. Es ist mir Gott sei Dank gelungen, ruhig zu bleiben, ich sagte entspannt „Naja, wenn man gehen muss, muss man eben gehen!" und spielte einfach weiter. Nach wenigen Minuten seltsamer Stimmung im Zuschauerraum war der irritierende Vorfall vergessen. Nach dem Auftritt, ich war gerade bei meinem Merchandising-Tisch, stand derselbe junge Mann plötzlich vor mir, ganz aufgeregt und schüchtern. Ich war überrascht. Er erklärte mir stotternd, dass er während meines Auftritts mit seinem Vater gestritten hatte, der neben ihm gesessen hatte, und dass ihn sein gemeiner Vater immer so unterdrücke und dass das Schimpfen und der Stinkefinger nur seinem Vater gegolten hatten, nicht mir. Er entschuldigte sich dafür, dass er meine Vorstellung gestört hatte, drehte sich ein wenig beschämt weg und ging.

Ich war zutiefst berührt von diesem Erlebnis. Was muss in diesem jungen Mann los sein, dass er sich während einer Theatervorstellung so vergisst und schreiend rausrennt? Und ich war berührt von der Erkenntnis, dass ich mir grundlos Sorgen gemacht hatte, ob ich hier vielleicht jemanden mit meinen Worten verletzt haben könnte. Seine Respektlosigkeit hatte sich im Nachhinein als Verzweiflung herausgestellt. Ja, sein Verhalten war so oder so auffällig, ein kleiner Streit mit dem Vater rechtfertigt natürlich nicht, dass man während einer Performance den Zuschauerraum schreiend verlässt. Aber der Grund für seinen Auszucker lag in keinster Weise bei mir, und das konnte ich nur erkennen, weil die Geschichte eben mit seinem Herumgeschreie nicht endete, sondern danach durch seine Beichte weiterging und mir ein größeres Bild enthüllte. Was für ein Glück!

Natürlich müssen wir Situationen bewerten, um adäquat reagieren zu können. Aber es gibt einen kleinen Spielraum, in dem die Möglichkeit besteht, dass manches vielleicht doch nicht so ist, wie es uns scheint!

impuls

In welcher Phase deines Lebens bist du gerade? In der Phase des kleinen Bären, der gerade einen Abhang runterrutscht, oder bist du gerade auf einer Anhöhe angekommen? Mach dir bewusst, dass du immer nur einen Schritt nach dem anderen machen musst. Ein Schritt nach dem anderen, das genügt. Ich wünsche dir Bärenkräfte auf deinem Weg!

CH LIEB MICH, ICH LIEB MICH NICHT...

Beziehung im Alltag

ICH UND DIE WELT

Eine für alle, alle für eine!

Was bezeichnet der Begriff „Schwarmverhalten"?

a. das bemerkenswerte Verhalten einer Frau, die heimlich aber gefühlsintensiv für einen unerreichbaren internationalen Superstar schwärmt,

b. das bemerkenswerte Verhalten einer Gruppe von Tieren, die sich zu Verbänden zusammenschließen.

Ist es a oder b?
Wahrscheinlich beides.
Aber hier geht es uns jetzt um b!

Jeder kennt diese Bilder: Vogelschwärme, die sich magisch synchron durch die Lüfte bewegen. Majestätische Vögel, elegant, frei und immer absolut synchron. Könnte das nicht auch eine Inspiration für uns Menschen sein? Denn so ein Verband besteht zwar aus Individuen, die den Großteil ihres Lebens alleine durchs Leben fliegen oder hüpfen oder stolpern, die sich aber zusammentun, um in eine gemeinsame Richtung zu fliegen. Die zusammen mehr ergeben als jeder einzeln, die etwas neues Magisches entstehen lassen. Und wozu? Zum Schutz vor möglichen Fressfeinden und zur optimalen Nahrungssuche, zur Suche eines gemeinsamen Schlafplatzes. Und vielleicht auch einfach nur zum Spaß. Aus Freude am gemeinsamen Tanz.

Ein EU-Forschungsprojekt ergab, dass jeder Vogel sich an den sieben Nachbarvögeln ausrichtet, und dass die Vögel immer mindestens eine Flügelspanne Abstand zueinander halten. Mit folgenden sehr bemerkenswerten Vorgaben für jeden einzelnen Vogel: Nimm eine Position ein, von der aus du ungestört nach vorne blicken kannst. Und nutze den Auftrieb, den der Flügelschlag eines vor dir fliegenden Vogels verursacht.

Wow! Die besten gruppendynamischen Erkenntnisse ever: **Wenn's einer/einem gut geht, nützt das dem ganzen System! Und flieg immer mit freiem Blick nach vorne!**

Jedes Schwarmmitglied kann ein Flugmanöver initiieren. Es kann sich drauf verlassen wahrgenommen zu werden und dass die anderen sofort reagieren und sich wie eine Welle erfassen lassen. Die Summe der aufeinander abgestimmten Einzelreaktionen ergibt dann diese magisch-synchrone Wolke am Himmel. Niemand wird zurückgelassen!

Wenn mal einer/eine die Orientierung verliert, zu jung oder zu alt ist, dann braucht er/sie einfach nur den Kumpels nachzufliegen. Jeder Nachbar und jede Nachbarin zählt!

Und während ich so durch mein Leben fliege, überlege ich mir, inspiriert von den gefiederten Freunden: An welchen 7 Nachbarinnen möchte ich mich gerne ausrichten? In welche Zukunft richte ich meinen freien Blick?! Und wie schön ist der Wunsch, dass mein Flügelschlag jemand anderem Auftrieb sein möge!

Ich finde tatsächlich sogar mehr als 7 Frauen, mit denen ich gerne fliegen würde, denen ich auch gern mal hinterherfliege und sie im Blick behalte! Wie sieht das bei Dir aus?

 **impuls**

Hast du Lust, darüber nachzudenken, wer deine 7 Lieblingsvogeldamen sind und sie hier aufzuschreiben? Übrigens: Es gibt auch Mischschwärme aus Tieren unterschiedlicher Arten und Größe. Kooperation ist das Zauberwort!

In diesem Sinne: auf eine gute Nachbarschaft, let´s fly away!

1.

2.

3.

4.

5.

6.

7.

8.

SUCHBILD: finde Die WANDERHeu--schrecke!

Ich bin eine Basilikum-Schlampe: Jedes Jahr ein Neuer!

Ich steh auf Basilikum. Er gehört zu meinem Leben wie die Luft zum Atmen, wie der Gin zum Tonic, wie das Le zum ben. Aber so eine richtig schöne Langzeitbeziehung mit ihm will mir einfach nicht gelingen. Tragisch, aber wahr.

Es fängt alles immer unglaublich verheißungsvoll an. Ich schlendere nichtsahnend durch den Supermarkt, plötzlich entdecke ich IHN, den Basilikumtopf meiner Träume. Da steht er, in seiner duftenden Pracht, saftig und in voller Reife. Jedem Topf sein Deckel, denke ich mir, bereits liebesvernebelt von seinen ätherischen Ölen. Denn er zieht alle Register, ja er zieht mich regelrecht in seinen Bann. Wie hypnotisiert gehe ich auf ihn zu, lasse mich bereitwillig verführen und greife zu. Ich halte das pure Leben in meinen bebenden Händen und weiß: „Das ist ein Neuanfang, eine neue Chance! Diesmal klappt es sicher, das mit uns wird eine längere Geschichte!". Ich nehme ihn mit zu mir nach Hause, das ist eine einvernehmliche Sache. Er will es auch, das spüre ich!

Anfangs sieht es noch so aus, als ob er sich bei mir gut eingewöhnen würde, als wären wir total auf einer Wellenlänge. Die Aufgaben sind klar aufgeteilt: ich gieße ihn regelmäßig, er wächst. Hin und wieder darf ich die Früchte unserer Liebe ernten und mir ein herrliches Blättchen von ihm abzwicken. Oder zwei. Maximal drei. Ich bin behutsam, will nichts überstürzen.

Doch mit der Zeit bröckelt die Fassade, er zeigt sein wahres Gesicht. Mal ist er durstig, mal nicht, Mal hat er Lust zu wachsen, mal nicht. Eine unberechenbare aromatische Diva. Zwischendurch erste Abnutzungserscheinungen: braune Blätter, dürre Stiele, verklumpte Erde. Man tut voreinander noch so, als hätte man nichts bemerkt, als wäre die Welt noch in Ordnung. Aber die grausame Wahrheit bahnt sich ihren Weg, bis sie sich eines Tages schonungslos vor dir aufbaut, dir ins Gesicht lacht und schreit „Das war's! Das mit euch ist zu Ende. Finito! Es hat 13 Caprese und ein Pesto lang gehalten, das muss genügen! Lass los!"

Ich habe wirklich und ernsthaft um uns gekämpft, ich wollte das durchziehen. Ich dachte, nach einer Dürrezeit kann unsere Beziehung auch wieder fruchtbar werden, Aber dann habe ich einen elementaren und finalen Fehler gemacht: ich bin für eine Woche nach Mallorca verreist. Ohne ihn. Und ohne böse Absicht, ich wollte einfach nur ein wenig Urlaub machen. Dann kam ich zurück, braungebrannt und glücklich entspannt, ich öffnete meine Wohnungstür, noch voller guter Dinge, und wer schaute mir vorwurfsvoll entgegen? Er. Verdorrt, enttäuscht, saft- und kraftlos. Meine innere Urlaubsstimmung war dahin. Was hätte ich denn tun sollen? Ihn nach Mallorca mitnehmen? „Hola, mi nombre es Nadja. Y eso es mi amigo verde, su nombre es Karsten."

Nach einem kläglichen Wiederbelebungsversuch musste ich es einsehen: Time to say Goodbye. Und Tschüss! Ciao, mein kleiner Freund, è stato bello!

Manchmal ist etwas zu Ende. Dann muss man loslassen. Man kann sich durchaus noch eine Weile weigern, festhalten und kämpfen, die bittere Wahrheit leugnen, aber früher oder später wird man die Geschichte freigeben müssen. Das war und ist auch in meinem Leben so. Immer und immer wieder.

Auf Instagram posten wir gern Sprüche wie „Das einzig Beständige ist die Veränderung!" und fühlen uns dabei weise, als könnten wir uns jemals auf wirklich große Veränderungen vorbereiten. Wenn sie dann tatsächlich eintreten, straucheln wir meistens doch. Ja, es ist menschlich, das Leben kontrollieren zu wollen, sich auf alles Mögliche und Unmögliche vorbereiten zu wollen. Aber ist es nicht so, dass das Leben ununterbrochen mit etwas Unvorhergesehenem um die Ecke kommt, auf das wir uns gar nicht vorbereiten konnten?

Trotzdem können wir Hürden nehmen! In Krisenzeiten werden wir kreativ und entwickeln ungeahnte Stärken. Wir gehen durch schwierige Phasen, durch dunkle Täler, wir fallen hin und bleiben nicht liegen, wir entwickeln neue Kräfte, wir bilden die eine oder andere Narbe, aber das Leben geht weiter. Denn das, was das Leben für uns bestimmt hat, ist nicht immer genau das, was wir für unser Leben geplant hatten! Alte Konditionierungen aufzulösen funktioniert oft über den Schmerz. Nicht schön, ist aber so. Und wenn die Zeit reif ist, wenn man bereit ist, dann darf das Neue ins Leben kommen. Wir sind meiner Meinung nach da, um zu üben, zu probieren, zu spielen, unsere Erfahrungen zu machen! Mit allem an Licht UND Schatten, was dazugehört zu so einem Menschenleben!

IMPULS

Wenn du möchtest, und nur wenn du wirklich Lust darauf hast, nimm dir jetzt eine Minute Zeit für Dankbarkeit, und zwar dir selbst gegenüber. Dankbarkeit für all die Hürden, die du schon überwunden hast. All die Tränen, die du schon geweint hast! Erinnere dich an all die Abschiede, die du gut überstanden hast, und an all die Neubeginne, die du gewagt hast! Nimm dir Zeit, dir selbst auf die Schulter zu klopfen. Du verdienst Wertschätzung für alles, was du schon geschafft hast. Das hast du nämlich ganz schön gut gemacht! Mach dir hier und jetzt bewusst, was du schon alles überwunden hast. Trennungen, Hindernisse, Schmerzen, kleine und große Herausforderungen, unerreichbar scheinende Ziele, Zwickmühlen und Schicksalsschläge – doch DU bist immer noch hier! Das kann man schon mal mit einem Gin Tonic feiern!

Ich habe mir gestern einen neuen Basilikumtopf gekauft. Bitte halte mir fest die Daumen, dass es diesmal klappt!

Übrigens: nichts liegt mir ferner als Slutshaming, also Schlampen-Beschämen. Ich möchte jede Frau dazu ermutigen, ihre Sexualität frei auszuleben. Der Titel dieses Kapitels müsste also eigentlich heißen: „Ich bin eine Basilikum-Schlampe und stolz darauf. Cheers!

Rezept

für einen herrlichen

Basilikum-Gin-Drink

FÜR ENTWEDER 2 GLÄSER
(FÜR DICH UND EINE NETTE BEGLEITUNG)
ODER 1 RIESENGROßES GLAS NUR FÜR DICH!

1 Bio-Zitrone
1 TL Zucker oder Zuckersirup
8 Basilikumstiele (inklusive
   der Blätter, versteht sich!)
120 ml guten Gin (ja, das ist
   fast ein Achterl!)

Eiswürfel (wissenschaftlich
   nicht erwiesen, aber ich
   behaupte: herzförmige
   Eiswürfel verfeinern den
   Geschmack)

Zitronensaft und Basilikum in einem Mörser mit dem Stößel zermalmen. Die ganze Pampe durch ein Sieb zu Gin, Zucker und Eiswürfeln gießen. (Am besten in einem Shaker verquirlen!) Ich finde, man kann auch ein wenig Tonic dazugeben! Aus optischer und olfaktorischer Freude kann man den Drink mit ein paar angequetschten Basilikumblättern garnieren. Denn dazu ist Basilikum da: zur Freude!

It´s gin o´clock,
time to enjoy!

the circle
of life/love

Heute Nachmittag kommt eine liebe Freundin zu mir. Um mich zu trösten, weil ich übermorgen eine Operation habe, vor der ich mich ein wenig fürchte. Abends treffe ich dann einen engen Freund, um ihn zu trösten, weil sein Arbeitskollege am Vorabend verstorben ist. Morgen trifft mein Freund dann seinen besten Freund, um ihn zu trösten, weil der seinen Job verloren hat.

An manchen Tagen werden wir getröstet.
An anderen trösten wir.
Und an vielen Tagen trösten wir uns selbst.

So kommt niemand jemals zu kurz.
So ist immer genug Liebe für alle da.

TRost-PFLAsteR

Hamster-Räder sind nur was für Hamster

Angesichts der täglichen Aufgaben, die eine Frau von heute so hat, kennt wohl jede hin und wieder dieses kurzatmige Gefühl „Hilfe, wie soll ich das alles schaffen, ohne komplett durchzudrehen?!?!!" Ich kenne dieses Gefühl viel zu gut. Und Du?

Mein bescheidener Vorschlag: Statt raus AUS dem Hamster-Rad, besser rauf AUF das Hamster-Rad!

Wofür steht denn das viel zitierte Hamsterrad eigentlich? Für den eintönigen Alltagstrott ohne Perspektive auf Veränderung. Das führt zu Überforderung. Oder zu Unterforderung, die deutlich weniger beachtet wird, die aber meiner Meinung nach ebenso unglücklich macht.

Ein Hamsterrad dreht sich nur im Kreis, es gibt also keine Fortbewegung. Man bleibt am Fleck, obwohl man strampelt und strampelt. Deshalb muss es als negativ behaftete Metapher herhalten, obwohl es dem Hamster eigentlich hilft. So ein Hamster lebt ja in Gefangenschaft, hat aber trotzdem einen riesigen Bewegungsdrang, den er Gott sei Dank im Hamsterrad ausleben kann. So hat er das befriedigende Gefühl, endlose Laufbahnen zu ziehen. Ein Hamster schafft es, pro Nacht bis zu 20 km zurückzulegen. Er ist quasi der Hochleistungssportler unter den Nagetieren, der Usain Bolt der Kleinsäuger. Chapeau!

Jetzt ist es aber so, dass der Hamster am Ende des Tages keinen Pokal für seine Leistung erwartet, der Mensch hingegen schon. Er denkt, je mehr und je schnellere Leistung er erbringt, desto wertvoller ist er.
Ein Hamster würde nie auf so eine seltsame Idee kommen!
Ein Hamster würde niemals einen solchen Schwachsinn denken!
Ein Hamster würde da nur ratlos seinen kleinen haarigen Kopf schütteln!

Aber ist denn das Hamsterrad tatsächlich unausweichlich in heutigen Zeiten? Für Hamster lautet die Antwort: Ja! Für Menschen: Nein!
Vielleicht ist es ja nicht entweder-oder sondern sowohl-als-auch?
Wäre es nicht genial, wenn wir uns auf das berühmte Hamsterrad schwingen könnten, wenn es uns dienlich ist und wenn wir auch jederzeit vom Hamsterrad absteigen könnten, wenn uns das ebenso dienlich wäre?

Räder sind Gebrauchsgegenstände. WIR sollten entscheiden können, wann wir sie gebrauchen wollen und wann nicht. Klar, das kollektive Bewusstsein sitzt am Steuer, aber wir können die Richtung mitbestimmen! Wann sich ein Rad drehen soll, entscheidet immer noch der Fahrer/die Fahrerin! (der Hamster/die Hamsterin!)
Wir haben die Möglichkeit, die Geschwindigkeit selbst zu wählen, abzusteigen, es mal nur rollen zu lassen, in die Pedale zu treten, gemütlich zu cruisen, uns abzustrampeln oder es einfach nur laufen zu lassen!

*(… für das Bild
wurden keine Tiere
gequält. Bitte glaub
mir, es kamen wirk-
lich keine Hamster zu
Schaden!)*

Alles hat seine Zeit. **Hamsterrad-Regeln** mit ihrer Routine und
ihrer festen Struktur machen manchmal durchaus Sinn. Manchmal aber auch nicht.

— Zum Beispiel brav sein und lernen. Macht vor einer
wichtigen Prüfung Sinn. Aber danach darf man auch mal
faulenzen und ein bisschen weniger brav sein!
— Extrem sparsam sein. Macht Sinn, wenn man auf ein Vip-
Package für's Rolling Stones Konzert hinspart. Aber danach darf man auch mal verschwenderisch impulsiv sein!

— Anpassung macht Sinn, wenn man grad einen Bad-hair-Day hat und nicht auffallen will. Und Glitzern macht Sinn, wenn man bei „Deutschland sucht den Superstar" mitmacht und aus der Menge herausstechen will.
— Erreichbar zu sein, macht dann Sinn, wenn man die organisatorische Mega-Verantwortung für den Super Bowl hat. Nicht erreichbar zu sein, macht dann Sinn, wenn man eine ruhige nette Wanderung mit Alpakas macht!
— Abhängigkeit macht Sinn, wenn man zu zweit klettern oder tauchen geht. Unabhängigkeit macht Sinn, wenn man im abgedunkelten Zimmer in Ruhe und alleine meditieren will.

Es gibt tausende Tipps zum Thema „Raus aus dem Hamsterrad". Ich finde, über allen mehr oder weniger wirksamen Strategien steht: Follow your joy! **Folge deiner Freude!** Immer öfter und immer rigoroser der eigenen Freude, die oft etwas anderes als Spaß oder Lustgewinn ist, zu folgen! Ich weiß, allein zu diesem Thema gibt es wieder tausende Tipps, aber können wir das hier einfach mal stehen lassen? Denn ich glaube, du weißt, was ich meine. Ein Teil von dir weiß ganz genau, wie das geht!

Ich habe mir angewöhnt, mich mehrmals täglich zu fragen und nachzuspüren: macht mir dieses oder jenes jetzt wirklich Freude? Freude kann sich wie ein ruhiges inneres Ja anfühlen, aber auch wie eine bunte Explosion. Es gibt so vieles, was Freude macht: ein duftendes Schaumbad, lautes Singen unter der Dusche, ein kräftiger Kaffee in der Sonne, gute Musik, ein buntes Bild malen, schmusen, im Wald spazierengehen, sich fortbilden, kochen, essen, mit dem Hund kuscheln, Atemmeditationen machen, ein Städtetrip mit einer guten Freundin ... alles Dinge, die so ein Hamster nicht machen kann. Wie gut es uns doch geht!

Bei all den Pflichten, die wir täglich haben, besteht die Gefahr, dass wir die Lebensfreude vergessen. Schreib hier 5 Dinge auf, von denen du sicher weißt, dass sie dir Freude bereiten. Und versuche, diese während der nächsten Woche vermehrt in dein Leben einzubauen. Entscheide dich bewusst für deine Freude! Take a joyride!

DAS macht mir FREUDE:

1.

2.

3.

4.

5.

6.

7.

8.

MAKING OF „Hamster"

Es ist noch kein Hamster ... ich meine natürlich Meister vom Himmel gefallen. Meisterin auch nicht. Der Hit „it's raining men" von den Weather Girls hieß ja ursprünglich „it's raining hamster", aber da stellten sich einige internationale Tierrechtsorganisationen quer. So munkelt man!

Das Leben ist nun mal Versuch und Irrtum! In diesem Zusammenhang möchte ich dir das MAKING OF meines Hamsters nicht vorenthalten. Daran sieht man, dass ich mich erst Schritt für Schritt in Richtung der verblüffenden Meisterzeichnung entwickelt habe, die du auf der vorigen Seite bewundern kannst.

Schritt 1: Eine Wölbung. Das hätte wohl der Kopf werden sollen. Leider ein Wasserkopf. Also weiter!

Schritt 2: Was blickt uns hier an? Eine Mischung aus Maus, Bär und Schwein. Oje.

Schritt 3: Aha, doch eine Katze!

Schritt 4: Ein drogensüchtiger Bär mit spiralförmigen Ohren.

Schritt 5: Ein übergewichtiger Bär mit winzigen Ohren.

Schritt 6: Ein Clownbär?

Schritt 7: Keine Ahnung.

Schritt 8: Ein unrealistischer verzerrtes Viecherl, fast lächerlich.

Schritt 9: Die Vorstufe des Meisterwerks!

Schritt 10: Ein künstlerisch anspruchsvolles Werk, eine berührende Darstellung eines fragilen Lebewesens, ein Zeugnis der göttlichen Schöpfungskraft. Man könnte glauben, man sieht ein Foto eines Hamsters, so realistisch ist meine Zeichnung geworden! Nicht wahr?

Das faszinierende Making Of „Hamster"

Was ich dir damit sagen will?
Lass dich nicht entmutigen!

Mach deine Entwicklungen in deinem Tempo, sei geduldig! Dein Durchhaltevermögen wird sich am Ende bezahlt machen! Dranbleiben! Dann hast du am Ende den perfekten Hamster. Oder zumindest eine Art Hamster. Oder irgendwas, was einem Hamster im Entferntesten ähnlich sieht. Oder ein lustiges Kapitel über das Scheitern. Oder einfach nur eine gute Zeit beim Kritzeln. Als kreativer Mensch kann und darf man die fehlerhaften Zwischenstationen nicht auslassen.

APHRODITE, du geile Sau!

Die alten Griechen, die bekanntlich nicht prüde waren, hatten unzählige Wörter für Liebe! Oder eigentlich verschiedene Ausdrucksformen für das breite Spektrum der Liebe:

Eros, die körperliche Liebe, die sexuelle Anziehungskraft.

Philia, die geistige Liebe, die Freundschaft.

Ludus, die verspielte Liebe, der Flirt.

Agape, die spirituelle Liebe.

Pragma, die verlässliche Liebe zwischen langjährigen Wegbegleitern.

Und was mich hier besonders interessiert: **PHILAUTIA, die Selbstliebe** (von autós aus dem Griechischen: selbst). Ihre wichtigsten Eckpfeiler waren: Fühle dich gut mit dir und mit dem, was du tust, habe Selbstmitgefühl und Selbstverständnis!! Die Frau hatte generell keine so tolle Stellung in der antiken griechischen Gesellschaft, deshalb genug von den alten Griechen.

Aber mehr zu deren Göttin der Liebe, der Schönheit und der Lust: Aphrodite. Dass Frauen offen und öffentlich zu ihrer Lust stehen konnten, das war leider nie selbstverständlich. Die Verhinderung weiblicher Unabhängigkeit und Selbstbestimmtheit geht weit zurück. Aber Aphrodite durfte alles!

Hui, bei der lieben Aphrodite war einiges los! Sie war zwar mit Hephaistos verheiratet, dem Gott des Feuers, betrog ihn aber feurig mit vielen anderen Unsterblichen. Und Sterblichen. Sie gebar auch einige Früchte dieser Liebesbeziehungen. Die Göttin der Liebe war ganz und gar der Liebe verpflichtet (Das ist auch relativ einfach, wenn man nichts mit Kinderkrippenplätzen, Kopfläusen oder Alimenten am Hut hat)! Sie war eine Meisterin der Verführung – ein Techtelmechtel hier, ein Abenteuer dort, ein Leben mit Leidenschaft.

Schon klar, wir reden hier von einer Göttin, einer symbolischen Gestalt. Sie war nicht real wie du und ich, sie hatte keinen Meldezettel und keine Jahreskarte für die österreichische Bahn. Aber sie steht für etwas. Für mich symbolisiert sie eine Frau, die sich rundum wohlfühlt in ihrem Körper. Die ihr tiefstes Wesen kennt und ihre Stärken lebt. Die genießt und dazu steht. Hin und wieder sät sie auch Zwietracht und Verwirrung, aber im Großen und Ganzen ist sie eine selbstbestimmte Göttin, die weiß, was sie will und es sich auch nimmt. Sie besitzt das ganze Paket: Erotik, Intelligenz und Macht. Vielleicht wurde sie deshalb gemeinhin auf ihre Schönheit reduziert. Offenbar kannten die alten Griechen das Konzept der Sapiosexualität nicht. Sapiosexuell ist man dann, wenn man sich vom Intellekt des anderen erotisch angezogen fühlt. Aktuelle Umfragen entkräften den plumpen Spruch „Dumm f.... gut." Au contraire! Intelligenz ist sexy. Niemand muss sich zwischen IQ und Schönheit entscheiden. **Klug UND schön – du kannst es alles haben! So wie Aphrodite.**

Es scheint so, als wäre sie sich selbst Freundin gewesen. Vielleicht könnten wir uns von ihr inspirieren lassen, sie in uns aufspüren. Oje, das klingt ein bisschen nach einem Volkshochschulkurs à la „Entdecke die innere Aphrodite in dir!" Aber könnte Aphrodite nicht eine inspirierende Identifikationsfigur für uns sein? Gut, jetzt ist es so, dass die wenigsten von uns im Meeresschaum vor Zypern geboren wurden, und querbeet herumzuvögeln ist auch nicht jederfraus Sache. Aber selbstbestimmt und genussvoll die eigene köstliche Sinnlichkeit zu leben, das klingt schon viel deutlicher nach Selbstliebe. Sich selbst sinnlich zu genießen, das kann man alleine und mit anderen, auch wenn man keine Göttin ist!

* Wofür könnte Aphrodite in deinem Leben stehen?

A wie Achtsamkeit für meine Wünsche
P wie Präsenz in meinem Körper
H wie Hören auf meine innersten Begierden
R wie ...
O wie ...
D wie ...
I wie ...
T wie ...
E wie ...

Aphrodite, die Schöne!
(naja, hier jetzt weniger...)

Säbelzahntiger-expertinnen

Letztens habe ich einen Bekannten, den ich schon sehr lange nicht mehr gesehen hatte, zufällig im Supermarkt getroffen. Also eigentlich auf der Rolltreppe, ich fuhr gerade runter, er rauf. Wir haben uns dann unten zwischen reifen Avocados und intelligenten Nussmischungen eingefunden und ein paar Minuten unterhalten. Ich habe ihm freudenstrahlend erzählt, dass ich gerade mein erstes Buch schreibe, ein Buch für Frauen zum Thema Selbstliebe.

Ich bin ja ursprünglich deshalb auf dieses Thema gekommen, weil ich an mir und Freundinnen häufig beobachtet habe, dass wir bei uns extrem hohe Maßstäbe ansetzen, bei anderen hingegen viel lockerer und verständnisvoller sind. Uns verlangen wir viel ab und beurteilen uns recht streng, während wir bei anderen über viele Schwächen kulant hinwegsehen können.

Seine erste Reaktion war Begeisterung auf meine News, seine zweite Reaktion die entzückende Frage „Nur für Frauen? Und was ist mit der weiblichen Seite in mir?" und seine dritte Reaktion war, dass er mir erzählte, dass er dieses von mir beobachtete Phänomen sogar schon bei seinen kleinen Kindern sieht. Die Tochter, 10 Jahre alt, sei viel härter mit sich selbst, ja geradezu perfektionistisch – der 12-jährige Sohn hingegen total entspannt.

Wie gibt's das?

Angebrachte Selbstkritik ist okay! Das eigene Verhalten zu analysieren und nach neuen Möglichkeiten zu suchen, kann uns ja enorm voranbringen in der Selbstentwicklung.

Aber zu selbstkritisch zu sein, macht unglücklich. Und unzählige Studien haben gezeigt, dass Frauen genau dazu neigen. Sie unterschätzen regelmäßig ihre Stärken und Kompetenzen, besonders im Berufsleben.

Ist das so? Übersehen wir Frauen gerne mal unsere eigene Kompetenz? Sind wir problemzonenfixiert? Schwächefokussiererinnen? Unzulänglichkeitsprofis?

Natürlich kommt so ein Zustand nicht aus dem Nichts. Für dieses Symptom gibt es unterschiedlichste Ursachen, die negativen Erfahrungen der Menschheitsgeschichte haben uns eben geformt.

Oder kann man das alles ganz einfach mit der Bing-Theorie erklären? Nein, denn dann wäre das ja bei Frauen und Männern gleich mit der Selbstbeurteilung, ist es aber nicht.

Die Bing-Theorie spricht von der Urzeit-Programmierung unseres Gehirns, Gefahren und Risiken stärker wahrzunehmen als Positives und Sicheres. Klar, in der Steinzeit war es sicher von Nachteil, wenn man den hungrigen Säbelzahntiger um die Ecke nicht bemerkt hat, weil man grade verträumt an einer bezaubernden Rose geschnuppert hat. In der Situation täte man gut daran, wenn einem das Negative ins Auge springt („Bing!"), bevor einem der Tiger ins Gesicht springt („Bingo!" – also zumindest für den Tiger).

Was können wir diesem inneren Reflex entgegenhalten? **Wir können uns erinnern, dass Selbstliebe genauso ein innerer Reflex ist!** Selbstliebe muss man sich nicht aneignen,

Selbstliebe ist man von Natur aus. Daran dürfen wir uns erinnern und uns dieser Erinnerung anvertrauen.

Abgesehen davon glaube ich ja, wir haben da einfach nur was falsch verstanden. Ich glaube, diese Bing-Theorie ist in Wirklichkeit eine Bling-Theorie. Eine Bling-Bling-Theorie, die besagt, dass alles, was glitzert und glänzt, unsere erhöhte Aufmerksamkeit anzieht. Und zwar zu Recht!

Meine Güte, da wurde einfach nur ein Buchstabe vergessen!

So ein Buchstabe kann aber so viel ausmachen. Ich habe ja auch den Verdacht, dass sich bei „survival oft he fittest" auch ein kleiner Schreibfehler eingeschlichen hat. Und dass es in Wirklichkeit „survival oft he fattest" heißt. In diesem Sinne habe ich nicht die megaoptimalsten Überlebenschancen, bin aber auf der sicheren Seite!

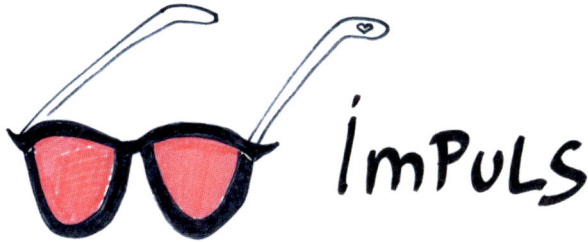

Lerne, wenn möglich, den Unterschied zwischen Fremdwahrnehmung und Selbstwahrnehmung zu identifizieren. Und wenn du wieder mal in so einer harten Selbstkritik-Phase bist, setz doch einfach eine rosarote Brille auf! Erlaube dir, die Situation etwas verklärt zu betrachten. Als ob du dich gerade Hals über Kopf verknallt hättest, nämlich in dich selbst!

SELBSTERKENNTNIS

Die unendliche Geschichte

Manchmal nerven mich andere Menschen.

Und manchmal nerve ich andere Menschen.

Ersteres ist mir immer bewusst.

Letzteres eher selten.

Vor kurzem saß ich im Großraumwaggon eines Zuges. Ich schaltete mein Handy auf lautlos, um niemanden mit dem Klingeln zu stören. Aber ich bekam einen dringenden Anruf, deshalb nahm ich ihn an und versuchte, möglichst leise zu sprechen. Ich störte trotzdem. Eine Dame kam zu mir her und machte mich freundlich, aber bestimmt darauf aufmerksam. Sie war im Recht. Aber ich hatte es in der Hitze des Telefonats einfach nicht bemerkt, dass ich wohl doch ein wenig zu laut gesprochen habe. Ich habe mein Telefonat sofort beendet.

Ungefähr eine Stunde später hat ein Mann im gleichen Abteil ebenfalls telefoniert. Auch er versuchte, es möglichst leise zu tun, aber auch ihm ist das nicht gelungen. Und wieder kam eine Dame, diesmal eine andere, zu ihm her und machte ihn freundlich, aber bestimmt darauf aufmerksam. Ich musste lachen. Das Leben ist eine unendliche Geschichte von Wiederholungen!

GESCHENK: Anderen – und manchmal auch sich selbst – auf die Nerven zu gehen und Fehler zu machen, ist menschlich. Deshalb habe ich hier drei Gutscheine für dich für ein **GUTES** Leben:

Zum Ausschneiden

Zum Abfotografieren.

Zum Nachzeichnen.

Zum Verschenken.

GUTSCHEIN für

1 x
auf die NERVEN gehen !

Von _____

für _____

Gutschein

für

1 ~~Fähle~~ Fehler

Von _____

für _____

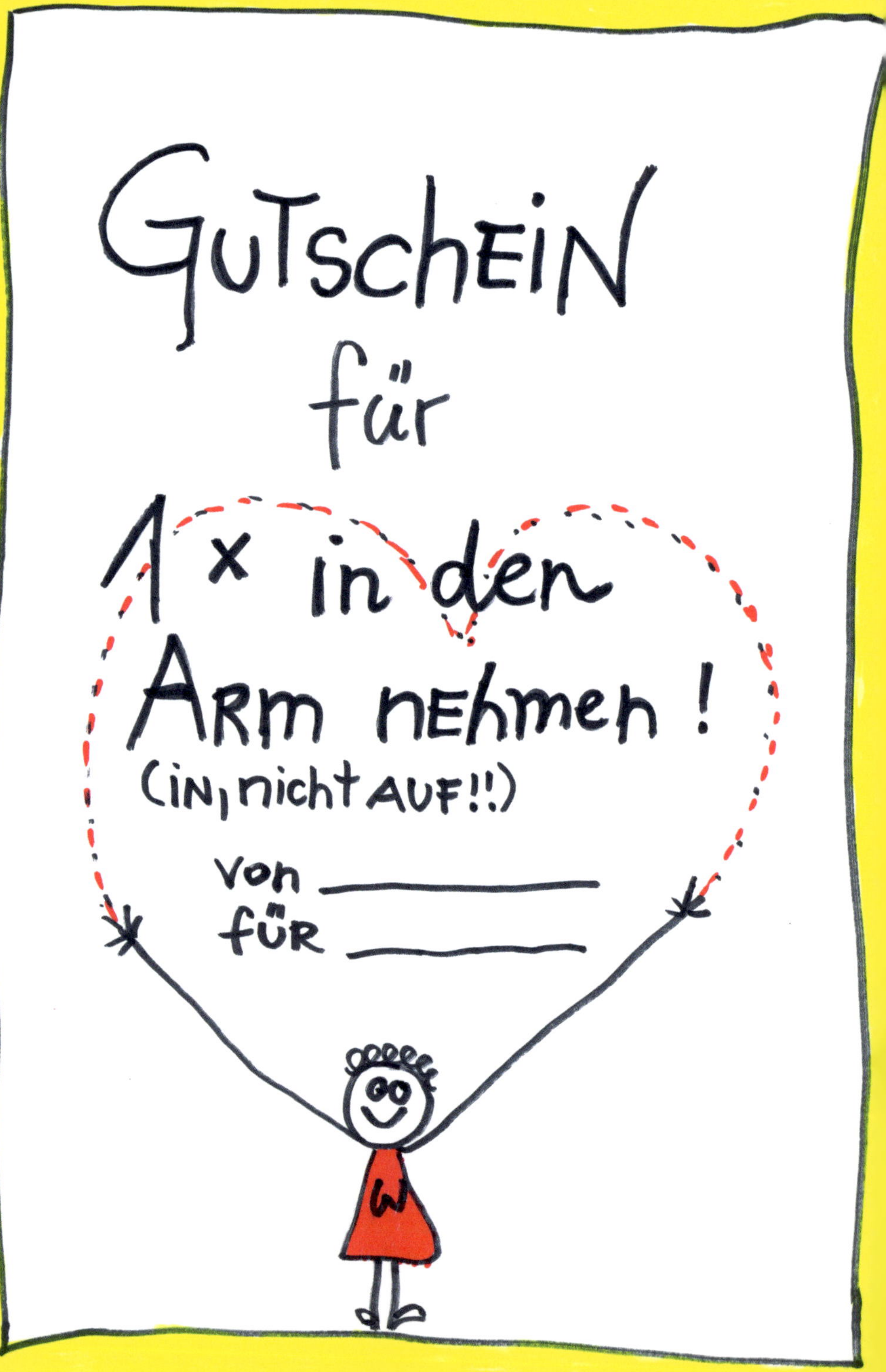
GUTSCHEIN
für
1 x in den
Arm nehmen!
(in, nicht AUF!!)
von
für
w

Ein Stern, der meinen Namen trägt!

Ich bin eine Frau, die auf der Bühne steht und Kabarett macht. So weit, so unspektakulär, möchte man meinen. Doch die Tatsache, dass eine Frau so etwas macht, und dass sie das vielleicht sogar gut machen könnte, ist dann doch für einige weder selbstverständlich noch vorstellbar.

Ich bin immer mit meinem eigenen Techniker auf Tournee unterwegs, er betreut Licht und Ton, wir sind ein super eingespieltes Team. Vor kurzem kam ich auf die Idee, ihn zu fragen, was er denn immer so mitlauscht, wenn er sich in der Pause unter das Publikum mischt. Was sagen denn die Leute über mich und mein Programm, wenn sie zwanglos zusammenstehen und reden? Seine Antwort war einerseits sehr erfreulich, denn das Feedback sei durchwegs positiv. Andererseits gäbe es da wohl einen Satz, den er an sehr vielen Abenden gehört hatte, den ich als weniger erfreulich empfand. Nämlich den Satz „Für eine Frau echt lustig."

Ähm, ich frag mal ganz locker in die Runde hinein: gibt es diesen Satz auch in folgender Form „Für einen Mann echt lustig?" Wurde so ein Satz jemals gedacht, geschweige denn laut ausgesprochen?

Was ist hier die offensichtliche Grundannahme?

Dass Frauen per se nicht lustig sind.

Nicht lustig sein können.

Warum?

Weil sie's halt nicht sind. Punkt.

Und wenn eine dann mal „trotzdem" lustig ist, dann ist das überraschend und durchaus hervorzuheben. Weil es eben so ungewöhnlich ist, dass eine Komikerin tatsächlich lustig ist, ach du meine Güte, damit konnte man ja nicht rechnen.

Ich hätte Verständnis für folgende Aussagen:

Für eine Schnecke echt schnell.

Für einen Fisch echt atmungsaktiv.

Für einen Elefanten echt dünn.

Aber „Für eine Frau echt lustig" zähle ich da nicht dazu.

Ich denke, der Satz ist wahrscheinlich in den meisten Fällen sogar lieb gemeint.

Er deckt aber schonungslos ein Frauen-benachteiligendes Vorurteil auf.

Es heißt ja „Humor ist, wenn man trotzdem lacht."

Ich denke, für einige fehlt da ein Satz davor.

„Eine Frau macht einen Witz – Humor ist, wenn man trotzdem lacht."

Gott sei Dank sind das inzwischen einige wenige, nicht die Mehrheit. Unter Frauen gibt's lustige, unter Männern gibt's lustige. Unlustige gibt's auch unter beiden. **Humor ist Geschmackssache, nicht Geschlechtersache.**

Ich bleibe unermüdlich dabei, Komikerin mit Herz und Seele zu sein. Ich habe mir fest vorgenommen, 190 Jahre alt zu werden und bis zum Schluss auf der Bühne zu stehen. Vielleicht kann ich dann noch erleben, dass sich dieses Vorurteil in Luft und Liebe aufgelöst hat.

Am Ende wird alles gut, ich werde spielen und lachen und singen: „Ein Stern, der meinen Namen trägt!"

Beziehung zwischen dem Schicksal und mir

ICH UND DAS SCHICKSAL

Urlaub ALL inclusive
oder
Wie ich in meine
Einzelteile zerlegt wurde

Der thailändische Moskito Herbert hatte an Silvester 2018/19 einen sehnlichen Neujahrswunsch: Er träumte vom Blut einer österreichischen Kabarettistin. Zu dem Zeitpunkt war ich bereits am Weg zu ihm. Ich bin ihm quasi entgegengekommen. Ja, so bin ich nun mal. Entgegenkommend.

Aber jetzt erst mal zurück zum Anfang dieser einseitigen Liebesgeschichte: Sie fing mit meinem Wunsch an, nach Thailand zu fliegen. Ich sehnte mich eigentlich nur nach einem entspannten Urlaub, ein Urlaubsflirt hingegen lag mir fern. Doch das mit Herbert war wohl Schicksal. Ehrlich gesagt hatte ich mit Antimückenspray aus dem Tropeninstitut massiv vorgesorgt, hatte meine Kleidung und mich hingebungsvoll imprägniert. Ich war also eigentlich sicher vor Herberts aller Art. Dachte ich. Doch dann passierte ein Game Changer, und die kommen ja bekanntlich immer aus dem Nichts! Meiner hieß: Taifun.

Also wenn man einen Urlaub auf einer hübschen thailändischen Insel bucht, möchte man danach von saftigen Mangos und bezaubernden Stränden berichten. Und nicht von qualvollen Tagen, an denen man sich alleine im Bungalow vor einem Taifun versteckt hat, eingedeckt mit Essen und ohne Strom. Selbst kleine mehr oder weniger liebe Tiere wie Frösche und Kakerlaken haben in meinem Bungalow Zuflucht gesucht vor dem draußen tobenden Sturm. Aber nach ein paar Tagen war der Spuk überstanden! Juhu, der Urlaub konnte weitergehen! Saftige Mangos warteten auf mich. Aber auch schlammige Pfützen und sumpfige Erde. Das war der Himmel auf Erden. Zumindest für Moskitos.

Mein Resort war wunderschön, ich war überglücklich und genoss den Rest meines Urlaubs. Was ich nicht wusste: Zu dem Zeitpunkt hatte auch Herbert bereits eingecheckt in mein Resort. Recht hatte er, es war ja auch traumhaft. Herbert hatte eben einen guten Geschmack. Bei Resorts und bei Frauen.

In einer Nacht-und-Nebel-Aktion hat er sich unter mein Moskitonetz geschummelt, der kleine Romantiker. Zuerst kuscheln, dann fummeln und dann: Bämm! Ein kleiner Stich, der mein Leben verändern sollte. Am nächsten Tag blieb Herbert nicht einmal zum Frühstück. Er hatte, was er wollte und schlich sich noch im Morgengrauen summ- und klanglos aus meinem Leben. Was für ein Casanova. Ich bin mir sicher, dass er noch am gleichen Tag die Nächste ausgesaugt hat. So Typen wie Herbert können ihren Stachel einfach nicht in der Hose behalten.

Erst fünf Tage nach meiner Rückkehr nach Wien musste ich wieder an Herbert denken. Der kleine Scheißer hatte mir nämlich den Denguefieber-Virus vermacht. Hatte ich zwar so nicht gebucht, aber trotzdem bekommen: Thailand-Urlaub all inclusive.

Dieser Virus fühlte sich für mich so an, als würde ich auseinanderbröseln wie ein Butterkeks. Achtung, Warnung: Wenn dir leicht graust, bitte überspring jetzt die nächsten Zeilen! Ich schreib sie zur Sicherheit ganz klein, damit man sich anstrengen muss, sie zu lesen! Also, ich hatte: hohes Fieber, Durchfall & Speiberei, heftige Blutungen, starke Körperschmerzen, fürchterliche Kopfschmerzen, Bläschen im Mund und Rachen, extreme Schwäche und überwältigende Müdigkeit, einen zum Ausflippen juckenden Ganzkörperausschlag, Alpträume, Haarausfall, schwer belastete Organe, Schwellungen, nicht mehr funktionierende Beine und daraus resultierend temporär einen Rollstuhl.

Ich bin hauptsächlich müde rumgelegen, zwischendurch habe ich gelesen. „Zurücklehnen, um vorwärts zu kommen!" stand da in einem spirituellen Blog. Nach dem Lesen des Textes habe ich mich zurückgelehnt und elf Stunden durchgeschlafen wie tot, um am nächsten Tag festzustellen, dass ich mit meinen Puddingbeinen keinen Millimeter vorwärtskomme. Von wegen zurücklehnen, um vorwärts zu kommen! Zurücklehnen, um rückwärts liegen zu bleiben, lautete meine Devise! Ich übte mich in Geduld, rezitierte positiven Mantren „Danke, es geht mir mit jedem Tag besser und besser!" Nach dem Mantra wollte ich aufstehen und mir einen Pfefferminztee machen, aber es ging nicht, ich hatte Kreislaufprobleme. Fuck positive Mantren. Jetzt ist Geduld gefragt, das wusste ich. Selbstfürsorge und Tempo raus sind die Zauberworte. Mein Job war es, ausschließlich dafür zu sorgen, dass es mir gut geht.

Der Körper ist ein Wunderwerk. Nach qualvollen Wochen fing die Genesung an. In winzigen Schritten. Nach wochenlangem Herumliegen und Herumleiden endlich Fortschritte: der erste Gang zum Supermarkt um die Ecke, oh, das war ein Abenteuer! Das erste Mal wieder in der Lage sein, erschöpft in der Küche zu stehen und es zu schaffen, sich einen Pfefferminztee zu machen. Bon apathie ... ähm, appetit! Ich mag Pudding, aber nicht als Beine.

In Krisensituationen versucht man, so gut es geht, das Beste aus jeder Situation zu machen. Und wieder las ich einen spirituellen Text, diesmal von meinem hochverehrten Rumi, ein persischer Sufi-Mystiker aus dem 13. Jahrhundert: „Live life as if everything is rigged in your favour." Ich soll also mein Leben so leben, als würde alles zu meinen Gunsten geschehen. Das berührte mich. Das empfand ich als gesunden und schönen Zugang zum Leben. Diese Weltanschauung wollte ich mir gerne aneignen. Gerade in einer Lebensphase, in der mich sogar Pfefferminztee ermüdete.

Studien belegen, dass fast 90 Prozent der Menschen zwischen 30 und 60 darunter leiden, dass ihr Leben so hektisch ist. Ich gehörte in den Wochen der Rekonvaleszenz auf jeden Fall nicht dazu! Ruhig bleiben und ausheilen war mein Motto. Quantenpysiker behaupten, es gäbe keine Zeit. Mein persönlicher Eindruck war da ein ganz anderer! Das Gegenteil war der Fall. Woche für Woche schleppte ich mich eine gefühlte Ewigkeit durch meine Wohnung, vom Sofa zum Bett, vom Bett zum Sofa, kurz in die Küche einen Pfefferminztee machen, dann wieder Sofa. Wochenlanges Nachspiel eines Moskitostichs. Ein Nachspiel so ganz ohne Spielen, denn ich musste ja all meine Kabarettvorstellungen absagen. Ich hätte lieber das Dengue-Fieber abgesagt.

Ich habe mich letztendlich von dieser Katastrophe erholt. Nicht zuletzt, weil ich so unglaublich großartige Unterstützung von meiner tollen Mutter hatte und von sehr lieben Freunden und Freundinnen. Ich hatte auch Unterstützung von bemerkenswerten Energetikern, die meine Genesung erstaunlich vorangetrieben haben. Ich war dankbar, noch am Leben zu sein. Aber das war mir nicht genug. Ich habe währenddessen schon angefangen zu grübeln „Warum ist mir das passiert? Was ist die Message vom Leben an mich? Was soll ich daraus lernen?!"

Kennst du das? Diesen stressenden Anspruch, das Erlebte auch noch zu verstehen, die Lektion zu kapieren, anstatt einfach nur Ruhe zu geben und zu vertrauen, dass die Erfahrung bereits die Transformation ist.

Denn genauso war's. Die Veränderung fand statt, von selbst, ohne mein Behirnen und Herumdenken! Und ich verstand:

Nicht ich tue hier etwas, sondern ES passiert. Noch nie war mir so klar: die Lebensenergie strömt wieder in mich ein, und zwar VON SELBST. Ich muss nichts tun, nur Ruhe geben und alles zulassen. Das war eine magische Erkenntnis für mich!

Es gibt da eine wundervolle **Atemübung**, von dem vietnamesischen Mönch und Gelehrten **Thích Nhất Hạnh**. Sie ist unglaublich einfach, und zugleich außerordentlich befreiend: Beim Einatmen denke den Satz „Ich bin mir meines Körpers bewusst" und beim Ausatmen „Ich lasse alle Spannung in meinem Körper los!" Das ist ein Akt der Selbstliebe. Das ist Selbstfreundschaft! Vor allem, wenn der Körper gerade schwach ist und schmerzt.

Wenn man nicht kontrollieren kann, was gerade passiert, dann liegt die Herausforderung darin, die Art und Weise zu kontrollieren, wie man mental und emotional auf das reagiert, was gerade passiert. Das habe ich getan. Ich habe losgelassen. Nämlich meinen Wunsch zu kapieren und zu kontrollieren. Ich habe mich sein lassen, meine Gefühle sein lassen. Ich habe an Rumi gedacht und die Lebensenergie in Ruhe ihren Job machen lassen.

Letztendlich hatte ich nach der Genesung einen unglaublichen Energieschub! Die Erfahrung der gelähmten Beine war wohl so traumatisch für mich gewesen, dass sich in meinem Kopf ein Schalter umgelegt hat. Seit damals gehe ich regelmäßig ins Fitness-Studio, was für mich immer unvorstellbar war. Ich und Kraftsport? Never ever! Ich war (und bin) eigentlich unsportlich. Doch seit der Genesung vom Dengue-Virus bin ich aktiver als jemals zuvor. Ich trainiere mit Freude und großer Dankbarkeit für meinen Körper, der schon so viel ertragen hat. Ich feiere meine Beine, die mich schon so lange durchs Leben tragen! Juhu, ich lebe noch! Und das nächste Mal, wenn ich Urlaub brauche, dann fahr ich nach St. Pölten!

Übrigens: Hier ein PHANTOMBILD von Herbert:

WANTED – DEAD OR ALIVE!

Hast Du diesen Moskito schon mal irgendwo gesehen? Wenn ja, zweckdienliche Hinweise bitte an mich!
Finderlohn: ~~20.000 Euro~~ meine lebenslange Dankbarkeit!

NACHSATZ: Wenn ich mich nicht irre, stechen nur die weiblichen Moskitos. Aber ich als Feministin musste die Sache natürlich einem Typen umhängen. Sorry an alle Herberts da draußen, **IHR** seid selbstverständlich total in Ordnung!

Ich selber bin keineswegs die ganze Zeit in Selbstliebe. Ich suche sie, ich finde sie, ich verliere sie, ich finde sie wieder, ... usw.! Ich mache das also wirklich nicht perfekt. Aber vielleicht kann ich dich inspirieren mit der Art und Weise, wie ich mit meiner Unperfektheit umgehe.

Ich finde, die Tatsache, dass du dieses Büchlein liest, ist bereits ein Akt der Selbstliebe. Die dich ruft.

Man liest oft vom Problem der fehlenden Selbstliebe. Ja, stimmt, wir haben Probleme. Wir haben vor allem ein Problem: Wir glauben, dass wir keine Probleme haben dürfen. Aber wo steht das bitte? Wie kommen wir da drauf? Realität ist doch: Probleme sind einfach Teil unseres Lebens, so problematisch wir Probleme auch finden mögen.

Das Wort „Problem" kommt ursprünglich aus dem Griechischen und bedeutet „das Vorgelegte", also „das, was zur Lösung vorgelegt wurde", „ein Hindernis, das überwunden oder umgangen werden muss, um von einer unbefriedigenden Ausgangssituation in eine befriedigendere Zielsituation zu gelangen."

Das Problem führt uns also zur Lösung.
Ist das cool oder ist das cool?!

Also nimm die Hürde.
Und genieß den Weg!

Ende
(... aber jedes
Ende ist auch
immer ein
Anfang ...)

Nadja Maleh ist preisgekrönte Kabarettistin, Schauspielerin, Sängerin, Regisseurin, Trainerin und Autorin. Die syrisch-tirolerische Wienerin steht seit vielen Jahren für kluge Kleinkunst und findet wie keine zweite die richtige Balance zwischen feinem Humor und ernstem Hintergrund. Und wie jede Frau sich selbst spielend leicht zur besten Freundin werden kann, erklärt sie in ihrem ersten Buch, das sie gleich auch selbst illustriert.

Liebe Leserin, lieber Leser,

hat ihnen unser Plädoyer für mehr Selbstliebe gefallen?
Dann freuen wir uns über Ihre Weiterempfehlung.
Würden Sie sich gerne genauer über Nadja Maleh informieren?
Möchten Sie mit der Autorin in Kontakt treten?
Wir freuen uns auf Austausch und Anregung unter
leserstimme@styriabooks.at

Inspirationen, Geschenkideen und gute Geschichten
finden Sie auf **www.styriabooks.at**

STYRIA
BUCHVERLAGE

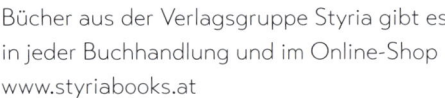

© 2020 by Molden Verlag
in der Verlagsgruppe Styria GmbH & Co KG
Wien – Graz
Alle Rechte vorbehalten.
ISBN 978-3-222-15054-8

Bücher aus der Verlagsgruppe Styria gibt es
in jeder Buchhandlung und im Online-Shop
www.styriabooks.at

Projektleitung und Lektorat: Ulli Steinwender
Covergestaltung: Emanuel Mauthe
Layout: Stefanie Muther, extraplan.at
Illustrationen: Nadja Maleh

Druck und Bindung: Holzhausen
Printed in the EU
7 6 5 4 3 2 1

Liebe